INSTRUCTIONS

SUR

L'ANTHROPOLOGIE DE L'ALGÉRIE

CONSIDÉRATIONS GÉNÉRALES

PAR

LE GÉNÉRAL FAIDHERBE

Vice-Président de la Société d'anthropologie

INSTRUCTIONS PARTICULIÈRES

PAR

LE DOCTEUR PAUL TOPINARD

Conservateur des collections de la Société d'anthropologie

PARIS

TYPOGRAPHIE A. HENNUYER

RUE DU BOULEVARD, 7

1874

INSTRUCTIONS

SUR

L'ANTHROPOLOGIE DE L'ALGÉRIE

———

CONSIDÉRATIONS GÉNÉRALES

PAR

LE GÉNÉRAL FAIDHERBE

Vice-Président de la Société d'anthropologie

———

INSTRUCTIONS PARTICULIÈRES

PAR

LE DOCTEUR PAUL TOPINARD

Conservateur des collections de la Société d'anthropologie

———

PARIS

TYPOGRAPHIE A. HENNUYER

RUE DU BOULEVARD, 7

———

1874

200?

TABLE DES MATIÈRES

INSTRUCTIONS

SUR

L'ANTHROPOLOGIE DE L'ALGÉRIE

RAPPORT PRÉSENTÉ A LA SOCIÉTÉ D'ANTHROPOLOGIE

DANS LA SÉANCE DU 5 JUIN 1873 [1]

PREMIÈRE PARTIE
CONSIDÉRATIONS GÉNÉRALES

PAR

M. LE GÉNÉRAL FAIDHERBE

Comme premier renseignement à fournir aux anthropologistes qui voudraient s'occuper du nord de l'Afrique, ou Berbérie, nous allons donner une énumération des races ou peuples qui ont successivement concouru à former sa population.

Pour le plus grand nombre de ces races ou peuples, l'époque et les circonstances de leur arrivée dans le pays sont historiques ; pour ceux-là, pas de difficulté. Mais il n'en est pas ainsi pour tous, et, voulant commencer par les premiers occupants, nous nous trouvons dès le principe en face de l'inconnu, ce qui nous force à entrer en matière par des considérations linguistiques et ethniques, à défaut de documents historiques.

Dans la contrée dont nous nous occupons, nous trouvons

---

[1] Au nom de la Commission pour l'Algérie, composée de MM. d'Avezac, *président* ; Duhousset, Dureau, Gillebert d'Hercourt, Lagneau ; Faidherbe et Topinard, *rapporteurs*.

aujourd'hui, à côté d'éléments dont nous connaissons la provenance, les Arabes, les nègres, les Européens, etc., un élément bien plus nombreux, formant environ les trois quarts de la population totale (c'est-à-dire 9 millions d'âmes sur 12 000 000), parlant les dialectes d'une même langue, que nous appelons *le berbère*, ou ayant abandonné cette langue pour l'arabe depuis moins de mille ans. Suivant nous, ce fait domine toute la question : une même langue s'étendant de l'Egypte à l'océan Atlantique, y compris les Canaries, où les anciens noms de lieux et de populations sont berbères, et depuis la Méditerranée jusqu'au Soudan, langue qu'on ne trouve pas en dehors de cette vaste étendue, cela dénote bien un peuple, une race.

Cette langue a quelques affinités avec l'égyptien et avec les langues sémitiques. Jusqu'à présent, on lui en a inutilement cherché avec le basque, considéré comme un reste des langues pré-aryennes de l'Europe méridionale.

Ceux qui la parlent sont, *en général*, physiquement analogues aux indigènes égyptiens, quoique moins bruns, et à certaines populations des mêmes latitudes en Arabie et contrées voisines d'Asie : teint bilieux, yeux et poils noirs.

On n'a aucune donnée historique sur l'origine de ce peuple, qui s'identifie avec la langue berbère, pas plus que sur celle des Egyptiens ; mais son existence est déjà historiquement signalée par les annales égyptiennes (Manethon) il y a près de six mille ans.

En effet, sous la quatrième dynastie, le roi Neferkhérès est dit avoir soumis une portion des Libyens terrifiés par la vue d'une éclipse.

Libyens. — Les voisins à l'ouest des Egyptiens, à cette époque reculée, sont donc désignés dans la traduction grecque de Manethon par le mot λίϐυες, que nous rendons par le mot *libyen*, et qui rendait le mot égyptien *lebou-rebou*. Nous adopterons ce nom de Libyens.

Plus tard , sous le moyen empire (3 000 ans avant J.-C.), douzième dynastie, un papyrus désigne le pays des Libyens sous le nom de *pays des Tamahou*, et faisons de suite observer que la langue berbère s'appelle encore dans le Sahara, chez les Touaregs, le *tamahoug, tamahag, tamachek*, suivant les dialectes.

Blonds. — Entre 1000 et 2000 ans avant Jésus-Christ, apparaît une race nouvelle à l'ouest de l'Egypte. Déjà sous la dix-huitième dynastie, 1 700 ans avant Jésus-Christ, la mère du roi Amenhotep IV est une blonde aux yeux bleus et au teint rosé, provenant de familles étrangères qui sont venues s'établir dans le Delta ; mais sous la dix-neuvième dynastie, environ 1 400 ans avant Jésus-Christ, c'est toute une invasion de nomades aux yeux bleus et aux cheveux blonds, qui va s'abattre de l'Ouest sur l'Egypte.

Sous le règne de Séti Ier, les Libyens attaquent sérieusement la basse Egypte avec ces alliés, ainsi qu'avec des peuples de la Méditerranée. Le fils de Séti, Ramsès II, les maintient ; mais sous Mérenptah, fils de Ramsès II, l'invasion devient formidable, et les plus redoutables de ces envahisseurs sont ces blonds, qui finissent par former des établissements en Egypte et fournir des troupes mercenaires à ses rois.

Des blonds en Afrique, avec son climat actuel, qui est celui des temps historiques, c'est une anomalie. Ces blonds étaient venus en Afrique par le détroit de Gibraltar, du pays des blonds, qui est le nord de l'Europe , et les témoins de leur migration, c'est cette ligne continue de dolmens qu'on trouve depuis les bords de la Baltique jusqu'à la Tunisie.

Le dernier renseignement que nous avons eu à cet égard constate qu'il y en a autour de Tanger, point par où ces blonds arrivèrent en Libye.

Ces blonds du Nord subjuguèrent les Libyens indigènes

ou s'allièrent avec eux[1] ; ils adoptèrent leur langue, furent confondus avec eux par les Egyptiens sous le nom de *Tamahou*, et finirent par se fondre au milieu d'eux par croisement. Il en reste des traces dans presque toutes les populations parlant ou ayant parlé le berbère. On y trouve encore des blonds disséminés et même agglomérés sur certains points. Nous signalerons spécialement, sous ce rapport, aux observations des anthropologistes la fraction Ouled-Yacoub des Amamra, près du poste de Khenchela, et quelques villages dans le Djebel-Chechar, près du poste de Zeribet el oued — ces deux postes sont dans la subdivision de Batna, contrée du Djebel-Aurès. Les blonds sont aussi très-nombreux dans les montagnes du Sud-Ouest du Maroc.

Nous appellerons *berbère* la population qui résulta du mélange des Libyens indigènes avec les blonds du Nord. Même en observant la quantité de blonds qu'on trouve encore aujourd'hui et en considérant les contingents indiqués dans les *Annales égyptiennes*, il n'est guère possible d'imaginer dans quelle proportion les envahisseurs se trouvèrent vis-à-vis des Libyens indigènes. Aussi ne ferons-nous aucune hypothèse à ce sujet dans le tableau que nous dressons plus loin des proportions dans lesquelles ont pu entrer dans la population actuelle du pays que nous étudions les divers et nombreux éléments qui l'ont formée. Ce tableau est d'ailleurs une simple donnée pour fixer les idées, mais à laquelle on n'accordera que la confiance qu'elle mérite. Nous y admettons que les Berbers entrent pour 75 pour 100 dans la formation de la population totale actuelle.

---

[1] Voyez Salluste (*Jugurtha*, XVIII) ; sa légende, d'après les livres puniques attribués à Hiempsal, donne exactement l'histoire de cette invasion ; seulement il appelle les envahisseurs Mèdes, Perses et Arméniens, et leur chef mort en Espagne avant le passage du détroit, Hercule.

Phéniciens. — A peu près à l'époque dont nous venons de parler, vers 1500 ans avant Jésus-Christ, les Phéniciens, peuple cananéen parlant une langue sémitique, fondaient des colonies sur les côtes de la Libye. A Carthage, ils étendirent assez loin leur domination dans l'intérieur ; sur ce point, ils se mélangèrent avec les indigènes : de là les Liby-Phéniciens des historiens.

Nous ne savons pas si, physiquement, les Phéniciens étaient analogues aux Sémites, dont le type est si bien caractérisé, ou aux Libyens, qui, d'après leurs descendants, les Berbers, n'ont pas les traits du visage des Sémites, surtout ceux du Maghreb. La Bible place bien les Phéniciens, ainsi que les Egyptiens et les Libyens, parmi les Chamites ; mais ces désignations, *Sem*, *Cham* et *Japhet*, n'étaient que géographiques, et on ne peut rien en conclure pour la question ethnique. Nous regardons comme assez probable que les Phéniciens devaient être très-analogues aux Hébreux et aux Arabes.

Quant aux restes de ce troisième élément de population, ils doivent seulement se retrouver sur la côte de Berbérie, autour des lieux où existèrent des établissements phéniciens. Il ne nous semble pas qu'ils puissent compter pour plus de 1 pour 100 de la population totale.

Nous ne parlerons que pour mémoire des anciens Grecs, qui, 600 ans avant Jésus-Christ, eurent en Afrique l'importante colonie de Cyrène. Cette occupation toute locale dans un lieu aujourd'hui presque désert n'a pas dû laisser de traces sensibles dans la population du pays.

Romains et auxiliaires. — Mais 150 ans avant Jésus-Christ vinrent les Romains avec leurs mercenaires gaulois, espagnols..., qui subjuguèrent et colonisèrent le pays pendant plus de cinq siècles, laissèrent partout des traces de leur domination et indubitablement des descendants dans la population. La seconde occupation par le Bas-Empire en laissa certainement beaucoup moins, et nous ne croyons pas devoir porter au compte de ces deux dominations réunies plus de 1 pour 100.

Quant au type physique de cet élément, il devait être en majorité celui de la race brune de l'Europe méridionale.

Vandales. — Les Vandales, au cinquième siècle après Jésus-Christ, conquirent aussi une bonne partie de l'Afrique et s'y maintinrent pendant près d'un siècle; mais en raison de leur petit nombre et des revers qui mirent fin à leur empire, ils ne doivent pas figurer pour plus d'un demi pour 100 dans notre tableau. Cet élément devait être blond.

Arabes. — Nous arrivons maintenant à une immigration beaucoup plus importante au point de vue de l'ethnographie du nord de l'Afrique. Ce pays fut envahi 700 ans après Jésus-Christ par les Arabes musulmans, qui finirent par le dominer et le convertir à leur religion, s'y établirent et se mêlèrent tellement sur beaucoup de points avec les populations indigènes, qu'il est souvent impossible aujourd'hui de les distinguer.

On peut dire en nombre rond que cet élément représente, à l'état pur ou à l'état de mélange, environ un sixième de la masse totale de la population de la Berbérie, soit 15 pour 100. Mais la proportion est plus forte en Algérie qu'au Maroc, et elle y monte bien à 20 pour 100. Si l'on veut voir pour l'Algérie en particulier la répartition des populations parlant aujourd'hui l'arabe et le berbère (bien entendu, sans déduire toujours de là la question de race), on n'a qu'à consulter une carte dressée à cet effet par le général Hanoteau. Les fractions parlant berbère sont indubitablement d'origine berbère, car aucune population n'a laissé la langue arabe pour la langue berbère; mais des individus et même des familles arabes ont pu y introduire quelques éléments de leur race. Beaucoup de populations, au contraire, ont abandonné la langue berbère pour la langue arabe, par exemple les tribus des environs de Djedjelli.

Dans le Maroc, les Berbers occupent surtout les montagnes de l'Atlas et du Rif et les provinces du Sud, tandis que les Arabes campent dans les plaines du Nord-Ouest.

Nègres. — Nous arrivons à un élément très-important aussi, mais réparti d'une autre façon, en ce sens qu'il n'existe presque pas pur, mais seulement à l'état de mélange avec tous les autres, c'est l'élément soudanien ou noir.

On ne sait pas au juste à quelle époque il faut faire remonter les premières relations importantes de la Libye ou Berbérie avec le Soudan à travers le Sahara, qui les sépare si complétement. Mais il est certain que peu après l'invasion arabe (voir Ibn Khaldoun) du temps des puissantes dynasties berbères des Almoravides, des Almohades, etc., le nord de l'Afrique était en rapports continuels avec les pays des noirs. Des tribus berbères et arabes fondaient des colonies au Soudan, y soumettaient de nombreuses populations noires et envoyaient des quantités énormes d'esclaves vers le Nord. Les rois almoravides et almohades avaient des armées entières de nègres. Cela dura un bon nombre de siècles, et aujourd'hui même les troupes permanentes de l'empereur du Maroc sont ainsi composées. Il dut en résulter une grande infusion de sang nègre dans la population, d'autant plus qu'il n'y avait guère de préjugé de couleur. La famille régnante du Maroc est elle-même de sang mêlé. De là le grand nombre d'habitants du nord de l'Afrique chez lesquels un œil exercé reconnaît des caractères nigritiques que des anthropologistes regardent quelquefois à tort comme appartenant à la race berbère ou libyenne. Nous n'allons peut-être pas trop loin en supposant que l'élément soudanien (nègres de toutes races et pouls) entre pour 5 pour 100 dans la formation de la population totale de la Berbérie.

Israélites. — Viennent les Israélites, qui, à diverses époques, ont envoyé des immigrations, mais peu nombreuses, en Berbérie. Ils se sont mêlés à des tribus berbères converties à leur foi vers le temps de l'invasion des Arabes musulmans, surtout dans la contrée de l'Aurès. Physiquement, cet élément est presque identique avec l'élément arabe. Nous le portons pour 2 pour 100 dans la population totale.

Aujourd'hui, en Algérie, on compte environ 30 000 Israélites, ce qui ne fait qu'un peu plus du centième de la population totale ; mais au Maroc, ils sont en proportion beaucoup plus forte.

Turcs. — Nous regarderons les établissements des Génois à Bougie, à des Espagnols à Oran, comme de simples accidents qui n'ont pas influé sur la population ; et nous arrivons à la domination turque en Algérie, en Tunisie et à Tripoli. Depuis le seizième siècle, les Turcs avaient établi plus ou moins complétement leur domination sur ces pays. — Ces Turcs, c'étaient des gens de races très-diverses, ramassés à Smyrne, à Constantinople... mais ils étaient relativement peu nombreux et, quoique de même religion que les indigènes, ils mêlaient peu leur sang avec le leur, par suite de mœurs exceptionnelles et pour des raisons politiques. Cependant un nom spécial, celui de *corouglis*, désignait les enfants qu'ils avaient des femmes arabes, berbères ou mauresques. Ce nom de *Maures, Mauresques* est celui que nous donnons aux habitants musulmans des villes, surtout des villes peu éloignées de la côte. Ce nom, probablement d'origine phénicienne, est inconnu des indigènes. Comme on le voit, voilà déjà bien des éléments divers pour la population du nord de l'Afrique et de l'Algérie en particulier. Dans certaines fractions de l'intérieur, la race berbère ou la race arabe ont pu se conserver relativement pures ; mais dans la population de la côte, des villes surtout, il y a de tout : Libyens indigènes ou blonds, Phéniciens, Romains, Gaulois, Grecs, Vandales, Arabes, noirs de toutes races, pouls, Israélites, Turcs de provenances diverses, et ajoutons, pour terminer, des hommes de toutes les contrées de l'Europe qui, pris par les corsaires, embrassaient la religion musulmane et faisaient souche dans le pays.

Nous comptons les **Turcs** et renégats pour un demi pour 100.

On ne peut donc pas voir un amalgame plus compliqué de toutes les races de l'Afrique, de l'Europe et de l'Asie occidentale que la population du littoral africain; la besogne de l'ethnographe y est donc bien délicate. Un blond qu'il rencontrerait, croyant avoir mis la main sur un précieux descendant des antiques Machouah, pourrait être tout simplement le petit-fils d'un renégat danois ou flamand. La domination française depuis quarante-trois ans, et l'hospitalité généreuse accordée par elle aux immigrants de tout pays, compliqueraient encore, si c'était possible, la question pour l'avenir.

Nous croyons cependant qu'on pourrait déterminer un certain nombre de caractères comme spécifiant, d'une part, la race libyenne et, d'autre part, la race arabe dans cette contrée. Ces deux races se conservent bien comme étant adaptées au climat, tandis que les nègres et les Européens du Nord ne peuvent s'y perpétuer que grâce aux croisements, le climat présentant des hivers trop froids pour les premiers et des étés trop chauds pour les seconds.

Voici maintenant, d'après les détails que nous avons donnés plus haut, le tableau récapitulatif indiquant les proportions dans lesquelles les éléments anciens ou modernes de la population de la Berbérie peuvent être regardés comme entrant dans sa composition :

Libyens indigènes.	Berbères. . .	75 pour 100.
Blonds du Nord.		
Phéniciens.		1 —
Romains, leurs auxiliaires, et Grecs du Bas-Empire.		1 —
Vandales (dans l'Est).		1/2 —
Arabes (bon nombre restés purs; proportion plus forte dans l'Est que dans l'Ouest)		15 —
Nègres de toutes races et pouls (la plupart à l'état de croisement à tous les degrés) plus nombreux vers le Sud.		5 —
Israélites (tout à fait analogues aux Arabes). .		2 —
Turcs de toute provenance et renégats européens.		1/2 —
		100

Ces proportions approximatives sont données pour l'ensemble de la population de la Berbérie, mais nous répéterons que la répartition de ces éléments est loin d'être uniforme. Dans les localités éloignées du littoral n'existent pour ainsi dire pas de traces des Phéniciens, des Romains, des Vandales et des Turcs. Au delà des hauts plateaux, dans le bassin du Sahara, la race noire, trouvant un climat plus favorable, se conserve dans une proportion beaucoup plus forte que sur les montagnes et dans le bassin de la Méditerranée.

DEUXIÈME PARTIE

INSTRUCTIONS PARTICULIÈRES

PAR LE DOCTEUR PAUL TOPINARD.

L'honorable rapporteur qui m'a précédé vous a dit, avec l'autorité que lui donnent un long séjour et des études personnelles en Afrique, combien il est difficile aujourd'hui de se reconnaître au milieu des races de toute sorte qui se sont succédé et croisées dans les villes du littoral. L'anthropologiste qui désirera dresser des observations consciencieuses sur les caractères distinctifs des races indigènes de l'Algérie, la seule des provinces barbaresques dont nous ayons à nous occuper ici, devra donc pénétrer dans l'intérieur et y rechercher avec soin les tribus les plus franches et les plus pures.

De tous temps, les peuplades vaincues se sont réfugiées dans les points les plus inaccessibles de leur territoire, et ont plus facilement réussi dans les montagnes à conserver leur individualité ethnique. C'est dans les Pyrénées, les Cévennes et les Ardennes qu'il faut en France certainement aller chercher les débris de nos antiques races. En Algérie, ce sera dans la province de Constantine, dans son massif de l'Aurès surtout, le long de cette ligne de hauts plateaux qui va rejoindre le grand Atlas, et dans nos oasis. La résistance des *Quinquegentes* au *mons Ferratus* (mont bardé de fer), dans le Djurjura, de 286 à 426, est demeurée célèbre dans les annales romaines. Les Zouaoua, un peu plus tard, « se soulevaient, dit Ibn Khaldoun, dès qu'on venait leur réclamer l'impôt, étant assurés que dans leurs montagnes ils n'avaient rien à craindre. » Il existe encore au faîte de l'Aurès, écrit Justin Pont, des restes de tribus qu'aucune domination, les Français exceptés, n'a pu soumettre par les armes.

Dans ces régions mêmes, l'observateur se trouvera souvent aux prises avec des difficultés. Il rencontrera des tribus berbères ayant adopté la langue et une partie des allures arabes, des tribus mêlées de Berbers et d'Arabes, des groupes nègres, juifs ou kourouglis intercalés çà et là, jusqu'à des agglomérations confuses de races étrangères de toute sorte (Hanoteau et Périer [1]), et parmi les *fractions* [2] mêmes de tribus les plus homogènes bien des individus suspects encore. Son premier devoir sera donc de s'assurer par tous les moyens possibles de l'origine et de la nature véritable de la fraction ou de la famille sur laquelle il veut opérer.

Ces moyens, heureusement fort nombreux, concernent, les uns la collectivité, les autres l'individu. Ils se tirent surtout des allures générales ou du genre de vie, de la langue parlée, des institutions, des traditions et renseignements locaux, des mœurs et coutumes et des caractères physiques.

La première considération, disons-nous, est le genre de

---

[1] Parmi ces tribus complexes, réceptacle d'une foule de réfugiés de toute provenance, M. Périer, cite d'après MM. Carette et Warnier, celles des Ameraoua en pleine Kabylie, des Beni-Amer dans la province d'Oran, des Eumour et des Hel-ben-Ali dans les Zibans.

[2] Les subdivisions politiques parmi les Berbères sont : la confédération ou *k'baïla*, la tribu ou *arch*, la fraction ou *ferka* et la commune ou *dechera*. Mais le nom de tribu s'applique dans le langage courant assez indifféremment à la *k'baïla*, à l'*arch* et à la *ferka*. Ainsi les *Oulad Abd-en-Nour* sont donnés comme une tribu par M. Féraud et comprennent néanmoins trente fractions dont l'origine diffère; les *Telar'ma*, comme une autre tribu formée de vingt-deux fractions; les *Amer-Cheraga*, comme composés de fractions et encore de sous-fractions, etc. Evidemment ce qu'il appelle *tribu* n'est qu'une confédération, et les véritables tribus, ce sont les fractions; l'unité d'origine, l'unité de race réside dans la fraction et non dans l'*arch*.

vie. Toute tribu franchement nomade et pastorale est vraisemblablement arabe ; les plus pures circulent sur la
ligne des hauts plateaux dont nous avons parlé et aux environs des oasis. Toute tribu sédentaire depuis un temps
immémorial, chacun de ses membres cultivant la terre en
son nom personnel, est berbère. Le génie du peuple arabe,
en effet, c'est la vie sous la tente, le mouvement, deux fois
l'an au moins, à la recherche des pâturages, et, lorsqu'il cultive, la jouissance collective des terres au nom de la tribu.
Le Berber, il est vrai, était jadis dans le même cas. Pline
raconte que leurs ancêtres de la province de Constantine,
« les Numides, changeaient sans cesse de lieux de pâturages
et emportaient avec eux leurs *mapalias* ou demeures. » Les
Touaregs, refoulés dans le Midi par la première invasion
arabe du huitième siècle, sont encore nomades dans leurs
vastes solitudes du Sahara, et les Brabers, sur le versant
méridional de l'Atlas, dans le Maroc. Mais le Berber
d'Algérie de nos jours, qu'il s'appelle Kabyle dans le nord
de la province de Constantine, Chaouia dans la région du
centre, Djebelien (Warnier) dans les montagnes des provinces d'Alger et d'Oran ou Zenata, Beni-M'zab dans les
oasis, a définitivement renoncé à cette existence ; il s'est
fixé après les invasions romaines et arabes, ses dernières
tribus depuis la domination française, et ne se rencontre
plus par masses que cultivant la terre en son nom personnel.

Il n'y a guère d'exception, croyons-nous, à cette règle [1],
tandis que l'inverse n'est pas rare : une tribu arabe deve-
nue sédentaire, témoin les Issers, assez récemment fixés
dans le Djurjura, au nombre de 13 639.

La seconde considération est celle de la langue. L'arabe

[1] Le col. Carette cependant parle, au sud de Médeab, des Haoûra,
descendant d'une des plus anciennes tribus berbères du seizième siècle,
comme ayant pris les habitudes des Arabes.

est de beaucoup la plus répandue en Algérie. Non-seulement elle se parle exclusivement dans beaucoup de tribus arabes, mais un grand nombre de tribus berbères l'ont adoptée, et une partie de son vocabulaire s'est infiltrée jusque parmi les tribus berbères les plus pures ; la plupart des noms de tribus et des noms géographiques lui sont empruntés. L'indigène arabe n'a aucun besoin du berbère, il n'en sait quelques mots qu'accidentellement et à son corps défendant. Le Berber, au contraire, se voit obligé de connaître la langue arabe pour voyager, vendre ses denrées et lire le Koran.

Une tribu peut donc parler arabe et être berbère. Le nombre en est considérable ; au milieu des régions où le berbère est parlé exclusivement, se rencontrera tout à coup une enclave où l'on ne parle plus qu'arabe, comme dans les environs de Djidelli, de Sétif, de Cherchell, de Tebessa, de Biskra. Le berbère disparaît d'une façon constante aux approches d'une grande ville.

De là une catégorie particulière de tribus berbères que le docteur Warnier, aujourd'hui député à l'Assemblée nationale, désigne sous le nom de *Berbers arabisants*, et qui causera de grands embarras à l'anthropologiste. C'est sur elles qu'il devra se livrer à l'enquête la plus minutieuse pour en retracer l'origine. Quelques bons travaux lui viendront en aide : en première ligne, la carte des langues de l'Algérie, que M. Hanoteau a annexée à sa grammaire touareg [1], et la notice de 277 tribus parlant le berbère, qui l'accompagne. Les régions occupées par ces dernières sont en rose sur la carte, et les autres laissées en blanc. On y voit se détacher en rose :

1° Une bonne moitié de la province de Constantine sous la forme d'une vaste surface occupée par les Chaouias, et

---

[1] *Essai de grammaire de la langue tamachek*, par A. Hanoteau. Imprimerie Impériale, 1860.

composant ce qu'on appelle géographiquement la région du centre, d'une presqu'île allongée, rattachée à la précédente, et répondant aux deux Kabylies, d'un îlot indiquant les oasis d'Ouargla et de quelques taches clairsemées pour les oasis de l'Oued-Itir;

2° Une très-petite portion de la province d'Alger se réduisant à deux îles allongées situées près de la mer, sur les plateaux nord et sud qui côtoient la vallée de l'Oued-Cheliff, à une surface assez importante répondant aux oasis des Beni-M'zab et à quelques points çà et là;

3° Une portion moindre encore, dans la province d'Oran, entre Sebdou et la frontière du Maroc, et quelques rares points disséminés dans le Midi.

Mais, ainsi que le fait observer lui-même le général Hanoteau, une lacune regrettable existe dans la partie blanche; les deux espèces de tribus, les unes parlant arabe, quoique berbères, et les autres, Arabes vraies, n'y sont pas séparées, et c'est cette séparation que les anthropologistes devront s'efforcer peu à peu de combler.

Nous dirons tout à l'heure les ouvrages à consulter dans cette voie.

Les principaux dialectes berbères parlés en Algérie sont le *thakebaïlith* ou *kebaïlia*, le *chaouia* dans l'Aurès, et le *zenata* dans les oasis. C'est d'après le dialecte des Zouaoua, l'une des plus importantes confédérations kabyles, qu'a été composée la grammaire kabyle de M. Hanoteau [1]. Les voyageurs auront à voir s'il n'existe pas d'autres dialectes assez distincts pour être mis à part, à augmenter le vocabulaire de chacun et, en passant, à noter les systèmes de numération suivis çà et là en pays berbère. Ils n'oublieront pas non plus de rapporter les inscriptions anciennes berbères, latines ou bilingues, que le hasard pourra leur faire

---

[1] *Essai de grammaire kabyle*, Alger, 1858, par A. Hanoteau.

découvrir sur des rochers, des dalles dégrossies ou des stèles taillées, dans des broussailles, faisant partie d'un mur, d'un plancher, ou rassemblées dans une nécropole. Peut-être même retrouveront-ils quelques indices d'un emploi récent ou actuel de l'écriture berbère, usitée encore chez les Touaregs.

Une troisième source à ne pas négliger pour arriver à la détermination de la race d'une tribu, ce sont les renseignements historiques, traditions locales et généalogies. Ils feront connaître les migrations de la tribu, ou mieux de la fraction de tribu en cause, le genre de vie, pastorale ou fixe, qu'elle aura menée précédemment, ses alliances et mélanges suspects. Mais il faudra beaucoup de tact pour discerner le vrai du faux : telle fraction notoirement berbère se dira de bonne foi arabe; telle autre, poussée par la haute considération qu'attache le Koran au titre de vrai croyant, et quoique détestant les Arabes, se construira une généalogie de toutes pièces parmi ses anciens conquérants; on ira, pour vous être agréable, jusqu'à inventer des traditions. Ce qu'on appelle les *tribus de marabouts* parmi les Berbers est en général fort suspect; ce sont des sortes de clientèles groupées autour d'un noyau d'origine arabe dont le premier chef est jadis venu du Maroc.

En tête de ses observations ou de ses séries d'observations, l'anthropologiste devra donc résumer les renseignements qu'il a recueillis, et dire le degré de confiance qu'il leur accorde. En effet, et nous insistons énergiquement sur ce point, ce n'est pas avec des individus ramassés, çà et là, loin de leur village, qu'on fera de bonnes observations, mais avec les membres d'une même fraction ou d'une même commune. Sur les 11 tribus ou fractions de l'ancienne subdivision de Blidah, 7 étaient berbères et 4 arabes. Sur les 10 fractions de la tribu des Amamra, décrites par

M. Justin Pont, 3 seulement sont chaouias et remontent à la plus haute antiquité, 2 passent pour descendre des Romains, et les autres sont d'origine religieuse et venues depuis l'invasion musulmane.

Divers travaux importants seront déjà utilement mis à profit : d'abord l'ouvrage de M. Carette *Sur l'origine et les migrations des principales tribus de l'Afrique septentrionale, et en particulier de l'Algérie*, Paris, 1853. Il s'y trouve une carte montrant la répartition des tribus fixes et des terrains de parcours des tribus nomades les plus importantes, et une liste de quelque 500 tribus ou villages berbères, arabes ou mixtes, avec l'indication, en regard de beaucoup, de leur composition, de leur origine ou de leur dernière migration. Puis une série de monographies dans le *Recueil de la Société archéologique de Constantine*, notamment l'*Histoire des tribus de la province de Constantine*, par Féraud, années 1864 et 1869 [1].

Ce qui a ensuite une haute importance pour distinguer les deux ordres de tribus franches, les Arabes et les Berbers, ce sont leurs institutions sociales, ou plutôt l'esprit dans lequel elles sont conçues; cet esprit se retrouve jusque dans les tribus intermédiaires, c'est-à-dire berbères ayant plus ou moins adopté les usages et la langue arabes.

Chez le Berber, l'organisation est démocratique, l'individu persiste avec tous ses droits, ajoutons et ses devoirs. Chez l'Arabe, l'organisation est aristocratique, théocratique et patriarcale; l'individu s'efface toujours devant

---

[1] Consultez aussi Ibn Khaldoun, *Histoire des Berbères*, traduction de l'arabe par le baron de Slane. Alger, 1852. — L. Marmol, *Description générale de l'Afrique et histoire des guerres entre les infidèles et les chrétiens*, traduction de l'espagnol par Perrot d'Ablancourt, 1667. — *Histoire des Arabes avant l'islamisme*, par Caussin de Perceval. — *Kitab el Adouani ou le Sahara de Constantine et de Tunis*, traduction abrégée par L. Féraud, in *Recueil de la Société archéologique de Constantine*, 1868.

un supérieur. De là toutes les différences qui, chez l'un, élèvent l'individu, et, chez l'autre, le rabaissent.

Chez le Berber, il n'y a pas de grands, pas de noblesse, mais de simples délégués chargés d'administrer, ou mieux, d'appliquer les lois et coutumes consacrées par le temps et réunies en un faisceau appelé *kanoum*, et d'exécuter les décisions votées dans l'assemblée générale de la commune ou *djemma*. Tout membre de la tribu, arrivé à l'âge de la puberté, fait partie de cette assemblée et y a droit de parler et de voter. Toutes les affaires générales et particulières s'y discutent, et chacun en respecte les décrets. Le délégué ou *amine* est toujours révocable à la majorité des suffrages. Plusieurs communes assemblées nomment parfois *un amine des amines*, qui s'occupe des affaires pour lesquelles il a été désigné, sans jamais s'immiscer dans les questions intérieures de chaque commune. L'association de plusieurs *arch* en une confédération est rare ou passagère. Toute idée de nationalité en est exclue; le patriotisme du Berber ne dépasse guère la *ferka*. De là une absence d'unité et une difficulté de s'entendre pour une action commune qui font précisément notre sécurité [1].

[1] Cependant il est des institutions qui remplissent dans une certaine mesure cette absence de lien politique et donnent lieu à une sorte d'aristocratie relative; ce sont les soffs et les marabouts. Les *soffs* sont des alliances contractées, en dehors de toute action administrative, entre individus ou familles isolées d'une même tribu ou de tribus différentes; elles se groupent autour d'un personnage plus ou moins influent, riche ou considéré. Les *marabouts* sont les gardiens de la lettre du Koran; ils sont respectés et ont une grande autorité morale; ce sont eux qui ont réussi à liguer contre nous plusieurs confédérations et à généraliser un soulèvement. Logés à la zaouïa, ils reçoivent la *zekket* et *l'achour* prescrits par le Koran, c'est-à-dire le centième sur les troupeaux et le dixième sur les grains, avec lesquels ils pourvoient aux frais du culte, secourent les pauvres, nourrissent les voyageurs et octroient les trois degrés d'instruction : primaire, secondaire et transcendante.

Chez l'Arabe, au contraire, l'autorité absolue est concentrée entre les mains de l'aîné, appelé *cheikh*, qui est le chef de son *douar*. Et au-dessus de lui, il y a toute une noblesse héréditaire, c'est-à-dire les *cherifs*, les *djouads* et les *marabouts*, qui descendent : les premiers, de la famille du Prophète ; les seconds, des anciens conquérants d'une manière générale ; et les troisièmes, de saints personnages voués à l'observance du Koran. C'est dans les deux premiers groupes que se prennent les *kaïds* ou chefs politiques et administratifs des tribus.

Ne pouvant donner plus de développement à ce sujet, je renvoie au travail du docteur Warnier : *l'Algérie devant l'empereur*, Paris, 1865, aux *Etudes sur la Kabylie et les coutumes kabyles* de MM. Hanoteau et Letourneux, Paris, 1873, 3 vol., et à l'article plein d'aperçus généraux de la plus haute portée de M. E. Renan, *la Société berbère* (*Revue des deux mondes*, septembre 1873).

La considération de la religion ne fournit aucune donnée comparative. Berbers et Arabes sont musulmans-orthodoxes, c'est-à-dire sunnites, et du rite malekite, dont le centre est au Maroc; les Beni-M'zab seuls sont schismatiques sous le nom de *khouaredjistes*. Mais, tandis que les Arabes restent rigides observateurs du Koran et le suivent à la lettre dans tous leurs actes, les Berbers, à l'exception des Beni-M'zab, sont assez tièdes sur la religion. M. Ch. Martins en a même rencontré de fort sceptiques. En tout cas, leurs lois ou coutumes s'en ressentent peu.

Nous arrivons aux caractères, les uns moraux, les autres physiques, présentés par l'individu. L'influence des premiers sur l'expression de la physionomie, l'attitude du corps, les allures, la conversation est telle, que tout l'être s'en ressent, et qu'il est peu de personnes, ayant voyagé en Algérie, qui ne finissent par reconnaître, presque à première vue, le Berber de l'Arabe. Afin de faci-

liter les premiers pas du voyageur, nous nous efforcerons
donc d'en résumer les traits principaux en nous inspirant
spécialement des travaux de M. Warnier, du tableau tracé
par Daumas dans ses *Mœurs et Coutumes de l'Algérie*, Paris, 1864; des *Kabyles et de la Colonisation de l'Algérie*, par
Aucapitaine, Paris, 1864; des *Kabyles du Djurjura* par
Bibesko (*Revue des deux mondes*, Paris, 1865), etc. Nous
prendrons pour types le Kabyle qui a davantage été étudié
sous ce rapport, et l'Arabe pasteur.

Le Kabyle habite une maison de pierre ou de chaume;
ses maisons sont agglomérées en villages et hameaux.
L'Arabe campe sous la tente; le douar est la réunion de
plusieurs tentes en cercle; il change de place aussi souvent
que l'exigent les besoins de ses troupeaux, et ne cultive
qu'accessoirement.

Le Kabyle est individuellement propriétaire; il s'attache
à sa maison, à son jardin, à ses vergers; il engraisse ses
terres et s'efforce de leur faire rapporter le plus possible.
L'Arabe ne possède pas par lui-même; la tribu a la propriété collective du sol et le distribue chaque année ou
le loue; aussi n'a-t-il aucun intérêt à l'améliorer; ses troupeaux constituent sa fortune.

Le Kabyle tire partie des moindres fentes de rochers; il
plante des arbres fruitiers, les greffe, cultive des légumes,
du tabac, des olives, des figues. L'Arabe ne cultive que les
céréales.

On ne trouve jamais le Kabyle désœuvré; actif, entre-
prenant, sa présence est une source de richesse pour notre
colonie. L'Arabe, au contraire, est paresseux, indolent, et se
livre à la contemplation; dur à la fatigue pour parcourir
de vastes espaces, il restera neuf mois à ne rien faire.
Fait caractéristique, dit le docteur Warnier : en Algérie,
on peut affirmer, sans craindre de se tromper, que là où le
sol présente un aspect désolé, sans arbres, on est en terri-

toire arabe, et que là où existent de belles cultures, de beaux arbres, des bois et des forêts, on est en territoire berbère.

Le Kabyle est prévoyant, il abrite ses bestiaux et leur emmagasine des provisions pour l'hiver. L'Arabe vit au jour le jour et se laisse surprendre par la famine, lui et ses bêtes. C'est lui qui incendie les forêts pour en renouveler les pacages et amender les terres sans fatigue; en pays berbère, au contraire, l'incendie des forêts est réprouvé, comme méthode d'amendement.

Le Kabyle est industrieux; il se livre à la maçonnerie, à la menuiserie, il fabrique de la chaux, des tuiles, du savon, de l'huile, de la poudre, des armes, des instruments d'agriculture; il exploite les mines. L'Arabe n'a à proprement parler pas d'industrie; il ne confectionne guère que des selles, des mors et autres articles d'harnachement.

Le Kabyle fait du commerce; il prend du service dans nos troupes, descend dans la plaine cultiver les terres des Arabes et va chercher fortune dans les villes du littoral; mais toujours il revient au village, où il s'achète un lot de terre et se marie. Le nom de *Berrani* dans les villes s'applique collectivement à tous les Berbers qui émigrent ainsi passagèrement. La tribu berbère des Beni-Djennad, dans le cercle de Dellys, dit Aucapitaine, fournit chaque année quinze cents travailleurs aux pays arabes. On estime à six mille le nombre des colporteurs que la seule tribu des Zouaoua met en mouvement pour échanger à de grandes distances les produits de leur industrie contre le grain et les matières premières dont ils ont besoin (Warnier). Les neuf dixièmes du bataillon des tirailleurs indigènes de Constantine sont Berbers.

L'Arabe, au contraire, ne se déplace que dans un certain cercle; il n'a jamais vu la mer.

Le Kabyle a toujours une attitude fière et digne; il ne

s'abaisse pas au mensonge. L'Arabe sera humble et arrogant tour à tour et ment. L'une des plus belles institutions du Kabyle, c'est l'*anaya*, c'est-à-dire la parole donnée, le sauf-conduit représenté par un objet quelconque ; jamais on ne l'invoque en vain, jamais lui ou les siens ne faillissent aux obligations généreuses qu'elle impose.

Le Kabyle déclare loyalement la guerre à son ennemi, il retire son *anaya*. L'Arabe procède par surprise et trahison. Un assassinat est-il commis dans une tribu berbère, la punition du meurtrier devient une obligation ; partout où il se réfugie, la vendetta le poursuit et se lègue au fils et, à son défaut, à l'époux futur de la fille. En semblable cas, l'Arabe se contente de la *dia*, prix du sang.

Le point d'honneur est haut placé chez le Kabyle et c'est le motif ordinaire de ses querelles et combats entre tribus ou fractions de tribus ; mais ces combats ne s'éternisent pas et bientôt on échange l'*anaya*. Pour le Kabyle la bastonnade est un châtiment infamant ; pour l'Arabe ce n'est qu'une douleur.

La charité envers les pauvres et l'hospitalité pour les étrangers ne font jamais défaut dans la tribu berbère ; elles ont pour centre surtout la *zaouïa*, ou mosquée, caravansérail. Chez l'Arabe l'hospitalité est toute d'ostentation et de calcul.

Le défaut du Kabyle est d'être vif, emporté ; l'Arabe reste calme, rapportant tout à Dieu : il est fataliste. Le premier s'amuse volontiers, il danse et fait de la musique ; l'Arabe croirait déchoir et range les musiciens au rang des bouffons.

Le Kabyle est peu superstitieux et ne croit guère aux amulettes. L'Arabe ne voit que sortilèges et se couvre de talismans, lui, ses chevaux et ses lévriers ; son cheval d'ailleurs est tout son luxe, comme le fusil est celui du Kabyle.

Le Berber est généralement monogame, d'où résulte

une famille mieux constituée qu'avec la polygamie arabe. La femme chez le premier est réellement une femme, une mère de famille, et non un meuble ou une bête de somme comme chez le second ; elle vaque aux occupations du ménage, file, tisse et sort le visage découvert ; plusieurs des lois du *kanoum* la protégent.

Enfin l'esclave, indispensable pour les travaux domestiques dans la famille arabe, a toujours été repoussé de la famille laborieuse de la plupart des Berbers (Warnier).

Si les traits moraux du Berber de l'Algérie et de l'Arabe pur sont tranchés et bien connus, on n'en peut dire autant de leurs caractères physiques ; et quoique ces instructions aient essentiellement pour but de demander le moyen de déterminer ces caractères, nous allons tâcher d'en donner ce qui résulte principalement des observations communiquées dans ces dernières années à la Société par MM. Gillebert d'Hercourt, Faidherbe, Duhousset et Seriziat et d'un grand nombre de portraits inédits que MM. Faidherbe et Duhousset ont eu l'obligeance de mettre à ma disposition [1].

La tête du Kabyle est moins fine que celle de l'Arabe, mais elle porte le cachet de l'intelligence ; son aspect est franc, son œil vif, sa figure parle (Bibesko, *loc. cit.*). Il a le corps sec, mais à un moindre degré que l'Arabe ; ses muscles sont plus volumineux, moins détachés, ses membres bien proportionnés, à attaches fines ; ses tendons

---

[1] Voir *Etudes anthropologiques sur soixante-seize indigènes de l'Algérie*, par le docteur Gillebert d'Hercourt (prix Godard de 1865) in *Mém. Soc. anthrop.*, t. III, 1868.

Recherches anthropologiques sur les tombeaux mégalithiques de Roknia, Bone, 1868, par le général Faidherbe.

Rapport sur la population indigène de l'oasis de Biskra, par le docteur Topinard, in *Bull. Soc. anthrop.*, 2e série, t. V, 1870.

Etudes sur les Kabyles du Djurjura, par le colonel E. Duhousset, in *Bull. Soc. ethnograph.* Paris, 1872.

d'Achille vigoureux et son pied cambré de façon, nous dit M. le colonel Duhousset, que les orteils d'une part et le talon de l'autre dessinent dans le sable humide une empreinte continue, plus profonde que celle du pied ordinaire de l'Européen.

Ci-joint un aperçu des proportions de son corps par rapport à celles de l'Arabe.

Soixante-sept Berbers de Biskra comparés à neuf Arabes des tribus voisines, tous adultes et du sexe masculin, avaient les membres supérieurs et inférieurs moins longs. Treize Kabyles du Djurjura comparés à dix-huit Arabes, adultes et du sexe masculin aussi, avaient les membres supérieurs moins longs encore, mais les inférieurs plus longs. Toutes choses égales donc, les membres seraient plus allongés chez le Berber, dans une proportion qui dépasse les différences de leurs tailles respectives.

Treize Kabyles en second lieu, du sexe masculin, comparés à dix-huit Arabes, avaient la distance biacromiale, c'est-à-dire le diamètre transverse de la poitrine, plus développée, mais d'une quantité légère. Sur les mêmes sujets la distance d'une épine iliaque antéro-postérieure à l'autre, c'est-à-dire la largeur du bassin, était encore plus grande chez le Kabyle.

Il s'ensuivrait que le Kabyle, plus élancé des membres, serait au contraire plus trapu du buste. Toutefois les masses musculaires qui enveloppent le squelette peuvent donner lieu à une impression différente. Nous espérons que les voyageurs nous donneront les moyens de reprendre cette étude ; la feuille d'observation annexée aux instructions générales de la Société leur en donne tous les éléments.

La taille moyenne des cent quatre-vingts Berbers vivants mesurés par ces observateurs est de 168 centimètres, tandis que celle des trente-deux Arabes est de

165,6, différence de 3 centimètres en faveur des premiers, d'autant plus légère que dans les cent quatre-vingts sont inclus dix-huit tirailleurs algériens que M. Faidherbe a pris parmi des sujets particulièrement de haute taille.

Le Berber et l'Arabe sont, l'un et l'autre, blancs à la naissance et se bistrent avec la même rapidité au contact de l'air et de la lumière. Si, comme le dit M. Daumas, l'Arabe est en général plus foncé, c'est que ses habitudes nomades et son habitation sous la tente l'exposent davantage au grand air. Chez tous deux, les parties couvertes par les vêtements sont d'un ton plus clair, et les Arabes de distinction, témoin Abd-el-Khader, ainsi que les femmes, sont tout à fait blancs. Chez quelques Kabyles, qui rentrent alors dans la catégorie des blonds, dont nous parlerons spécialement, la couleur du visage tire un peu sur le *brique* ou se montre par taches brunes dites *éphélides*, qui contrastent avec la peau voisine demeurée d'un blanc mat.

Tous deux ont le système pileux peu développé et les cheveux gros et rudes, ondés ou ondulés, variant pour la couleur du brun foncé au noir d'ébène. Les cheveux et surtout la barbe des Kabyles sont cependant assez souvent châtains ou rougeâtres, par un phénomène d'atavisme dont il sera question plus tard, ainsi que de leur coloration blonde exceptionnelle. Leur caractère frisé ou crêpé (à plus forte raison crépu) doit toujours faire suspecter un degré quelconque de métissage, et les observateurs minutieux feront bien de mettre ces cas à part.

Il n'y a pas de différence sensible entre les yeux des Kabyles bruns et ceux des Arabes. Leur coloration varie du brun clair au brun foncé, et s'il se rencontre assez fréquemment des yeux bleus ou gris parmi les Kabyles et les Arabes des villes ou Maures, je ne sache pas qu'un seul cas en ait été signalé sur un Arabe des tribus. En revanche

l'Arabe passe pour avoir un caractère qu'il faudra examiner. Ses paupières seraient fendues horizontalement en
amande, à bords légèrement plus foncés que la peau voisine. N'est-ce qu'une apparence produite sur la femme
seulement à l'aide du sulfure d'antimoine, apparence que
certaines de nos Parisiennes imitent si volontiers ?

Le crâne dans les deux races offre quelques différences
très-sensibles dans un certain nombre de cas. Il présente-
rait, regardé d'en haut, l'une des formes ovales les plus ré-
gulières, chez l'Arabe, que l'on puisse observer dans l'espèce
humaine ; tandis que chez le Kabyle ce serait plutôt une
ellipse ayant un élargissement trop brusque au niveau des
bosses pariétales, d'ailleurs peu développées, et un rétrécis-
sement immédiatement en avant à la hauteur des tempes.

Le visage de l'Arabe, vu de face, aurait de même une
forme ovale très-franche, mais plus allongée qu'au crâne,
et à contours harmoniques se terminant doucement en
bas par une extrémité arrondie. La tête que possède la
Société en est un bel exemple. Le même ovale se reproduit
chez le Berber, mais plus large, plus court et à contours
heurtés, le haut de l'ovale étant trop maigre pour la partie
qui lui fait suite, la base étroite du front faisant contraste
avec l'élargissement des pommettes, qui sont plus fortes
que chez l'Arabe, et la mâchoire inférieure étant souvent
lourde et même carrée, comme le dit Daumas. Entrons
dans les détails.

L'indice céphalique des cent quatre-vingts Berbers vivants
de tout âge et de tout sexe dont j'ai parlé est de 76.73 en
moyenne, et celui de quarante-sept Arabes dans les mêmes
conditions de 76.35. Le même indice pris sur onze crânes
kabyles et quinze crânes arabes par M. Broca est de
74.63 pour les premiers et de 74.06 pour les seconds. Les
uns et les autres sont donc dolichocéphales vrais, mais
sur les limites de la sous-dolichocéphalie.

Je suis médiocrement édifié sur les différences que présente la ligne de profil du front. Sur les quatre-vingt-huit portraits kabyles que j'ai sous les yeux, douze ou quinze fois au plus, le front mérite l'épithète de fuyant ; dans les autres cas il est vertical, quelquefois bombé, et les bosses frontales paraissent élevées.

Le caractère suivant a plus de valeur. Les arcades sourcilières du Berber sont en général bien développées, confluentes à la glabelle et surmontées d'une dépression transversale très-visible. Sur l'Arabe les arcades sourcilières sont au contraire à peine indiquées, la dépression sus-jacente manque et il n'y a pas ordinairement de glabelle. Il s'ensuit que l'échancrure de la racine du nez est profonde chez le premier et à peine indiquée chez le second, en sorte que sa ligne du front se continue presque en ligne droite avec celle du dos du nez.

Je ne suis pas édifié non plus sur certaines des différences que présente le nez dans les deux races. Chez l'Arabe il serait courbe, en bec de perroquet, mince dans toute sa hauteur, plus allongé, et sa pointe fine tendrait à dépasser un peu le niveau des narines : en un mot, le type fin du nez aquilin des Sémites. Chez le Berber le nez ne serait aussi étroit que dans sa moitié supérieure ; vers sa base il s'élargirait ; sa ligne du dos serait tantôt busquée à l'union du tiers supérieur avec les deux tiers inférieurs, tantôt droite et se projetant alors en avant sous un angle environ de 35 degrés avec l'horizontale. Sur le squelette même on pourrait reconnaître le Berber de l'Arabe à ce que le premier a les os propres brusquement relevés, ce qui exagère la profondeur de la racine, déjà augmentée par le développement de la glabelle.

A ce propos nous voudrions voir figurer dans les observations la mention de deux caractères particuliers à la structure du nez qui ne sont pas indiqués dans les *Instruc-*

tions générales de la Société, savoir : 1° la direction du grand axe de l'ellipse que forment les narines. Généralement antéro-postérieur dans les races blanches, il devient presque transversal dans les races inférieures ; 2° l'inclinaison du plan de la base du nez ou son horizontalité ; les Kabyles me semblent être dans le premier cas et les Arabes dans le second. Lorsqu'on regarde un Kabyle de face, le plan de ses narines est sensiblement oblique en bas et en arrière, autrement dit, ses narines sont en vue. Il y a là tout un sujet d'étude qu'un voyageur peut seul aborder.

L'indice nasal de M. Broca, c'est-à-dire le rapport de la largeur à la longueur du squelette du nez, est d'ailleurs sensiblement le même dans les deux races. Toutes deux sont leptorbiniennes. De même la longueur de la ligne NS est-elle sensiblement la même, ce qui est en contradiction avec notre conclusion, que le nez arabe a plus de hauteur ou de longueur que le nez berbère.

La bouche est généralement bien faite, et à coup sûr, dans les portraits de Berbers que j'ai sous les yeux, les lèvres sont plus souvent petites et fines, et çà et là quelques lèvres fortes et retroussées coïncident avec d'autres caractères plus ou moins suspects de métissage. Les Kabyles ne sont pas prognathes, nous dit M. le colonel Duhousset ; les Arabes non plus, ajouterons-nous. Cependant il résulterait de mes tableaux de mensurations personnels que les Kabyles d'aujourd'hui le sont un peu plus que les Berbers de jadis, ce qui s'expliquerait par leurs croisements depuis avec la race nègre. Et quand je parle de prognathisme sans désigner l'espèce, j'entends, bien entendu, le plus important, le seul, le prognathisme de la région sous-nasale, les alvéoles comprises.

Le type des oreilles est le même de part et d'autre ; elles sont très-écartées de la tête en arrière, celles de l'Arabe me paraissant plus petites.

Le menton m'embarrasse. Chez le Berber, il serait vertical le plus souvent, un peu pointu et comme détaché quelquefois, rarement un peu oblique en arrière. Chez l'Arabe, au contraire, il serait ordinairement effacé, gros et même fuyant. Pourtant le menton est petit, étroit et bien dessiné sur la tête d'Arabe que possède la Société.

Ces incertitudes sont inévitables. Involontairement on se prend à douter de la pureté de certains des modèles que l'on a sous les yeux et cela fera comprendre aux voyageurs la nécessité de n'opérer que sur des sujets et des tribus bien connus d'eux. Ainsi, je ne puis m'accorder avec M. Daumas sur la conformation du cou des Kabyles, qu'il dit plus court que celui de l'Arabe. Sur tous les portraits que j'ai entre les mains et sur ceux du Muséum, je le trouve, au contraire, long et dégagé, et j'attribue son illusion à ce que le cou est évidemment plus charnu chez le Kabyle. Je ne répéterai pas non plus avec le même auteur que la face du Berber est carrée; je l'admets comme plus courte et à contours moins purs, mais en ovale comme chez l'Arabe.

En somme, si l'on met de côté chez le Berber tous les caractères pouvant se rapporter directement ou indirectement au type blond, dont il sera question bientôt, les différences physiques entre les deux races se réduisent à des points de détails; et n'était-ce la divergence de leurs langues et de leurs mœurs actuelles, on serait bien tenté d'en faire les deux embranchements d'un même tronc ethnique. L'Arabe assurément présente le plus beau type, il est mieux découpé de corps et de tête, comme le faisait remarquer Larrey. Les Ouled-Sidi-Cheikh et les El-A'rouat-K'sal des oasis algériennes sont renommés pour leur beauté, disait Daumas dans un livre écrit il y a vingt-huit ans et toujours jeune par l'abondance et la précision des renseignements : *le Sahara algérien*, Paris, 1845.

Tel est, à notre avis, le résultat de nos connaissances sur

les traits qui séparent, dans l'ordre moral et dans l'ordre physique, les deux grandes races aujourd'hui disséminées à la surface de notre colonie d'Afrique. Les crânes que nous avons étudiés avaient-ils bien l'origine désignée, les portraits appartenaient-ils à des tribus homogènes, les observateurs ont-ils bien discerné l'indigène berbère de l'indigène arabe? C'est ce que nous ne pouvons garantir et pourquoi nous insistons autant pour que les voyageurs soient très-sévères dans leur choix et se circonscrivent dans un hameau, un village, une même tribu.

Les pièces et documents dont nous disposions étaient relativement nombreux pour le Berber, mais ils étaient très-restreints pour l'Arabe. Et cependant c'est l'étude physique du premier que nous recommandons le plus. L'Arabe n'est pas chez lui en Algérie; sa patrie, c'est l'Arabie; il s'y conservera longtemps, et là seulement on pourra faire la distinction entre ses deux types, le fin et le grossier; entre ses deux grandes familles, les Ismaélites et les Kahtanites. L'Afrique septentrionale, de l'océan Atlantique à l'Égypte, de la Méditerranée au Soudan, est le terrain naturel, au contraire, du Berber. Il y a poussé, y a résisté à toutes les invasions et s'y développe admirablement. Les Guanches, cette ancienne fraction des Berbers, ne sont plus; les Touaregs dans le Sahara oriental, les Zenaga dans le Sahara occidental et les Chlouah et Brabers du Maroc sont hors de notre atteinte, tandis que le Kabyle, le Chaouia et le Zenata des oasis sont à nous. Et qui plus est, c'est un devoir national de les connaître. Les Arabes ne se rallieront pas de sitôt à notre mode de civilisation. Les Berbers, au contraire, y sont préparés. Tout les rapproche de nous : les intérêts, la similitude des sentiments, des caractères et des aptitudes, et peut-être une communauté d'origine; ils ont versé leur sang sur nos champs de bataille : *Dans cent ans*, écrivait Aucapitaine, *ils seront Français*.

Mais, pour étudier leur vitalité et les résultats de notre colonisation, il faut le concours intelligent de l'administration ; il faut, comme le demande notre président M. Bertillon, qu'elle élargisse et précise le cadre de ses statistiques et sépare nettement les Berbers des Arabes.

Ainsi le recensement de 1866 répartit la population indigène comme il suit :

Territoire militaire et tribus mobiles........	2 434 974
— civil et population fixe...........	259 666
Total..............	2 694 640

Les Berbers et les Arabes sont confondus sous le premier chef ; les Maures, les Juifs, les Kourouglis et les nègres sous le second.

La même statistique donne encore le résultat général suivant, qui ne diffère du précédent que par la soustraction des Juifs et de ce que l'administration appelle la population indigène en bloc :

Musulmans : 2 652 072

En 1872, ce sont les mêmes rubriques. Sous le terme de Musulmans sont confondus tous les indigènes, soit :

Musulmans : 2 123 045

Les relevés, il est vrai, font une distinction entre les communes constituées, les communes mixtes, les communes indigènes et le territoire militaire. Mais dans les communes constituées et les communes mixtes figurent une masse d'indigènes, de même que dans les communes indigènes figurent un certain nombre d'étrangers.

Ils établissent encore une autre division, en population agglomérée et population éparse. Mais à l'œuvre la distinction n'est pas poursuivie ; ainsi la subdivision de Batna (territoire militaire) est rangée sous les titres à la fois de *musulmans* et de *population éparse*, de la manière suivante :

Cercle de Batna.................... 67 660 individus.

— de Biskra................. 66 015 —

Annexe de Toggurt.............. 45 121 —

Total............ 178 796 individus classés.

Et pourtant nous savons que dans cette étendue se trouvent deux sortes de populations : des Berbers cultivateurs et fixes et des Arabes pasteurs et nomades.

L'administration ne saurait l'oublier : ce n'est pas dans l'élément étranger qu'il faut rechercher le succès d'une colonie ; les lumières, les intelligences, les stimulants peuvent venir du dehors, mais c'est au dedans, dans la race naturelle, quand elle occupe un certain rang dans l'échelle humaine, que se trouve l'élément qui résiste et s'accroît, l'élément du travail manuel. Celui-là, en Algérie, est le Berber. Apprenons donc le degré et les conditions de son développement et séparons-le tout d'abord de l'Arabe; distinguons dans les statistiques les tribus fixes des tribus nomades, celles qui parlent le berbère de celles qui ne le parlent pas, les tribus purement pastorales de celles qui cultivent la terre collectivement.

Ce recensement séparé des tribus indigènes a déjà été ébauché par le colonel Carette dans la liste dont nous avons parlé. Ainsi, pour la région saharienne, la plus difficile à recenser, voici les chiffres qu'il indique :

Province de Constantine comprenant les Zibans, l'Oued-R'ir, Temacin, l'Oued-Souf et l'Ouargla :

171 560 Arabes. 41 500 Berbers.

Province d'Alger, comprenant les oasis des K'sour et des M'zab :

30 000 Arabes. 34 000 Berbers.

Province d'Oran, comprenant une foule de villages et de tribus éparses, parmi lesquelles les Ouled-Sidi-Cheikh.

185000 Arabes.   3800 Berbers.

Total de toute la région saharienne :

386560 Arabes.   79300 Berbers.

Mais ce n'est qu'un essai qui a besoin d'être revu et perfectionné. La distinction entre Arabes et Berbers y est incomplète, comme il l'avoue lui-même, et il a écarté un certain nombre de villages, ne sachant sous quel titre les ranger. Voici le procédé de recensement qu'a employé M. Hanoteau dans quelques tribus de la Kabylie. En certaines occasions, on tue un bœuf qu'on répartit par parts égales, correspondant chacune à un même nombre de têtes. Or le nombre des têtes accusées est toujours exact pour diverses raisons ; il ne se fait pas de fraudes. Il suffit donc de multiplier le nombre connu de parts par le nombre connu de têtes dans chacune, ce qui donne la population totale de la commune.

Le voyageur pourrait découvrir quelque procédé analogue pour d'autres tribus.

Le dernier chiffre, le plus probable de la répartition des deux populations indigènes pour toute l'Algérie, a été calculé approximativement en 1864 par le docteur Warnier. Il s'élevait à 2 200 000 Berbers et 500 000 Arabes, en nombres ronds ; total : 2 700 000, ce qui s'éloigne peu du chiffre publié par l'administration deux années après : 2 652 072 [1].

Mais depuis cette époque, en six années, cette population indigène se trouve avoir diminué en masse de 529 027

[1] Voir le dénombrement de l'Algérie depuis 1856, par M. Bertillon, in *Revue d'anthropologie*, t. II, 1873.

et un problème nouveau s'impose à l'attention de tous, à plus forte raison de l'administration. Sur quelle race porte la diminution? Quant à nous, nous croyons par avance et assez fermement qu'elle porte essentiellement sur l'élément arabe.

Dans ce cas, il va sans dire qu'il faudrait découvrir pourquoi cette grande loi de concurrence vitale qui fait qu'une race diminue et s'éteint dès que ses conditions de milieu viennent à changer, s'applique aux Arabes, d'une résistance vitale si forte cependant. Faudrait-il l'attribuer au tarissement des sources non entretenues, de même que la diminution des kangourous pour les Australiens; à l'imprévoyance des Arabes, qui amène la mort de leurs bestiaux par millions, en hiver; à ce que les conditions de leurs pâturages ont changé sur une grande étendue; ou bien à la misère d'une manière générale, aux guerres entre tribus, à l'émigration, aux vices qui diminuent les naissances, aux maladies comme le choléra, la variole et la syphilis, etc.?[1]

Un élément ethnique encore plus difficile que l'Arabe a dégager du Berber, c'est le nègre. A une seule exception près, à ma connaissance, il ne forme pas de tribus distinctes en Algérie; mais, de tout temps et par l'esclavage, il s'est plus ou moins infiltré partout. On pourrait même se demander jusqu'à quel point un certain nombre de tribus, soit arabes, soit berbères, ne seraient pas le résultat de croisements séculaires avec lui. MM. Hanoteau et Letourneux cependant semblent croire son introduction récente en Kabylie. Il y a pénétré, disent-ils, de trois façons : 1° par les colonies nègres établies à Chombal et à Bour'ni pour la protection des forts Tizi Ouzzou et de Bour'ni; 2° par l'esclavage; et 3° par ce qu'ils appellent le croisement par

---

[1] On sait les ravages qu'ont faits en Algérie le choléra de 1847 et la famine de 1868-69.

infiltration, le plus efficace de tous, ajoutent-ils, sans s'expliquer autrement. Ils citent parmi les tribus les plus infiltrées de sang nègre les Aït Iraten, les Aït Ouasif et les Menguellat. D'autre part, M. Féraud affirme que dans la tribu des Oulad-abd-en-Nour, composée de 23 464 membres, il n'y avait, en 1863, que deux ou trois nègres. L'exception dont nous parlions plus haut est celle d'un village situé tout près de Lambessa, et entièrement formé de nègres purs mis en liberté par le décret de la république de 1848. Actifs et laborieux, ils ont, dit M. Zaccone, le teint d'un noir d'ébène, les cheveux crépus, la barbe rare, les lèvres épaisses, etc. [1].

La zone où l'élément nègre se montre le plus abondant, c'est dans le Bled el djerid, ou pays des dattes, au sud des Zibans, au point où aboutissent les chemins qui arrivent du Soudan par les oasis d'Agadès, du Touat et d'El-Goleâ, cette dernière récemment conquise à la France (24 janvier 1873). Il y prospère merveilleusement dans des fonds insalubres, alternativement à sec et marécageux, parfois au-dessous du niveau de la mer Méditerranée [2] et où s'étiole inversement la population blanche [3]. Leurs centres principaux y sont l'Oued-R'ir, dont les habitants portent le nom de *Rouar'a*, et l'Ouargla, où ils sont désignés sous celui de *Khelatias* par opposition aux *El-H'arar* ou Berbers, seuls admis à la *djemmâ* [4].

Nègres ou mulâtres, sont-ils tous issus des esclaves

---

[1] J. Zaccone, *De Batna à Tuggurt et au Souf*, Paris, 1865.

[2] La Sebka, près Mraïer, à 109 kilomètres au nord de Tuggurt, est à 23 mètres au-dessous du niveau de la mer.

[3] La fièvre endémique de l'Oued-R'ir, appelée *el oukhem*, oblige les habitants de Tuggurt à aller passer dans l'Oued-Souf la saison des fortes chaleurs (Féraud).

[4] Les tribus nomades les plus importantes qui viennent camper dans l'Oued-R'ir sont les Ouled-Yacoub, les Ouled-Naïl, les Arba' et les el Ar'ouat. Celles de l'Ouargla sont les Saïd-Mek alma, les Saïd-Atcba

importés du Soudan par les caravanes? ou descendent-ils
en partie d'une race locale qui jadis y aurait joué un certain rôle[1]? Ptolémée place en cet endroit ses Mélano-Gétules
et Éthiopiens-Nigrites. Léon l'Africain parle aussi des noirs
qui l'occupaient de son temps. Toutes les familles de
Tuggurt étaient noires, assure la tradition locale. Quant à la
masse de la population, elle se refuse à être nègre et se dit
mulâtre et de couleur brune, *koumri*. M. Duveyrier décrit

et les Chamba. Celles de l'Oued-Souf, à l'est de l'Oued-R'ir, sont les
Troud, les tribus sédentaires étant les Adouan et les Souafa.

[1] J'ai précédemment déjà soulevé la même question (voir mon
Rapport sur l'oasis de Biskra, Bull. Soc. anthropologie, 2e série, vol. I,
et l'article ANTHROPOLOGIE DE L'ALGÉRIE dans l'*Encyclopédie générale*,
Paris, 1869):

N'existerait-il pas dans les deux groupes d'oasis de l'Oued-R'ir et de
l'Ouargla, à côté des Berbers appelés *blancs* dans le pays et en dehors
des nègres, originaires du Soudan, une population homogène non pas
mulâtre, mais nègre qui y formerait une race spéciale occupant dans
l'échelle des nègres un degré relativement élevé, comme les Tibbous ou
les Gallas? Elle descendrait des Mélano-Gétules de Ptolémée et expliquerait la présence de ces restes d'une civilisation nègre ancienne que
Duveyrier dit avoir découverte dans le Sahara septentrional.

Or, depuis que ce rapport a été lu à la Société d'anthropologie, j'ai
reçu dans mon cabinet un indigène de Tuggurt. « Il existe dans mon
pays, me dit-il : 1° des blancs; 2° des nègres; et 3° des mulâtres, qui forment la masse de la population et les véritables occupants de ces oasis;
j'en suis le type exact. » Eh bien, cet individu n'était pas mulâtre,
mais nègre!

Ses cheveux étaient courts, laineux, par touffes enroulées et assez
abondants, sa barbe et ses moustaches clair-semées, et tous les poils de
son corps, notamment du pubis, avaient les mêmes caractères; son nez
était épaté, large à la base, à narines allongées en travers et retroussées
en avant et en dehors à leur extrémité externe; ses lèvres fortes et la
supérieure retroussée. Il était petit, dolichocéphale et avait le front
haut et saillant. Toute la différence avec le nègre hideux qu'on se
représente toujours était dans la couleur et le degré du prognathisme;
sa peau était luisante et d'un noir chocolat ou pain d'épice; ses deux
mâchoires n'étaient que moyennement prognathes; ses dents, blanches

un type semblable qu'il appelle sub-éthiopien ou *gamaran-tique*, dans les oasis du Touat, du Nefzâoua et du Fezzan [1].

Cette région du Sahara de l'Algérie mérite du reste d'être recommandée à tous les points de vue à l'attention des anthropologistes. C'est là qu'ils rencontreront les Arabes les plus purs au physique comme au moral. Généralement propriétaires du sol des oasis, dont les Berbers sont les tenanciers, leurs tribus vagabondes y campent hors des villes et des villages et circulent d'une oasis à l'autre pour toucher leurs redevances et faire paître leurs troupeaux. Le groupe des K'sour leur semble réservé en propre cependant.

C'est là aussi que se rencontre, à l'ouest de l'Oued-R'ir et de l'Ouargla, une agglomération berbère, active et intéressante sous bien des rapports, les Beni-M'zab ou *Aoubans*. Quelques traditions les font descendre des Israélites, avec lesquels ils auraient quelque analogie de mœurs et de caractère. Mais l'opinion la plus probable est qu'ils sont venus du Djebel-N'four, dans la régence de Tripoli, vers le quatrième ou cinquième siècle de notre ère. M. Carette fixe leur nombre à 34000, non compris 20 000 Arabes des environs.

Une sobriété à toute épreuve, une activité et un amour du gain poussés à l'extrême, une grande probité commerciale, tels sont leurs traits principaux. Un grand nombre d'entre

et bien plantées, étaient à peine inclinées en avant. Mais nous n'en sommes plus à considérer le noir de suie comme la couleur *sine qua non* du nègre et j'ai montré qu'un prognathisme moyen et même léger n'était pas rare sur les côtes de la Guinée et du Sénégal. D'ailleurs, il était joli garçon et d'une intelligence rare en ce qui concernait les choses ordinaires de la vie

De cette observation isolée est-il permis de conclure à l'existence d'une race nègre propre dans les parties septentrionales du Sahara, race qui a pu par conséquent s'infiltrer parmi les Berbers, depuis les temps les plus reculés, et plus récemment parmi les Arabes?

[1] *Les Touaregs du Nord*, par Henri Duveyrier. Paris, 1864, p. 288.

eux, comme les Savoyards chez nous, se rendent dans les villes et y exercent les professions de baigneur, de cuisinier, de marchand étalagiste. On les reconnaît à leur teint mat et bistré, à leur physionomie intelligente, à leur *habaïa* aux couleurs éclatantes, à leur propreté et surtout à leur politesse ; les blonds sont rares parmi eux, leur barbe est peu fournie, leurs yeux sont noirs et bien fendus ; ils sont généralement petits [1]. Les mensurations de six d'entre eux ont été données par M. Gillebert d'Hercourt dans son mémoire que la Société a couronné, et celles de quelques-uns de leurs crânes par M. Pruner-Bey.

C'est dans cette région encore, à Tuggurt, que se trouve un groupe à part d'habitants connus sous le nom de Mehadjerid, que l'on a donné, plus encore que les Beni-M'zab, pour preuve de l'origine ou de la parenté hébraïque des Berbers. Ils y forment une société à part, ne s'allient qu'entre eux et ont les traits juifs. Mais leur origine est aujourd'hui déterminée : c'est une tribu israélite convertie à l'islamisme au seizième siècle. C'est aussi de ce côté, mais plus au nord, touchant presque aux montagnes de l'Aurès, que se rencontrent ceux qu'on appelle à Alger et autres villes les Biskris ou Biskareys et qui y exercent la profession de portefaix. M. d'Avezac les a dépeints en ces termes : ce sont des hommes trapus, musculeux, à la tête petite, au teint noir, aux traits heurtés et au visage stupide et assurément ce ne sont pas les caractères des Berbers, et par conséquent des gens de Biskra. Ne seraient-ce pas plutôt des mulâtres ou Rouar'a ?

Un troisième élément ethnique intervient pour compliquer encore le problème de la détermination du type berbère. Ce sont les Juifs, dont le nombre cependant ne s'élevait officiellement pour toute l'Algérie qu'à 21 048, en 1856,

[1] *Les Beni-M'zab,* par le baron H. Aucapitaine. Paris, 1868.

et à 34 574, en 1872. De l'Israélite au Kabyle, la distance de plus n'est pas énorme au point de vue des caractères physiques, ainsi qu'on l'a fait observer. Ce sentiment de solidarité de famille ou de tribu contrastant avec l'absence de besoin d'unité nationale et cette grande activité sont des traits communs aux deux races. Le Kabyle, comme l'Israélite de Moïse, était nomade à l'origine. Il nous paraît donc difficile, quoique penchant pour une autre opinion, de rejeter absolument l'hypothèse d'une parenté quelconque entre les trois races berbère, arabe et juive *avant* la formation de leurs langues respectives.

Quelques tribus entières, ou peu kabylisées d'Israélites, existent d'ailleurs en Algérie et l'observateur ne laissera pas échapper l'occasion de les étudier. Je citerai, d'après une autorité très-compétente, M. Ab. Cahen, grand rabbin de la province de Constantine[1], d'abord les Mehadjerids de Tuggurt, puis une fraction de la tribu des Zemoul près de l'Aïn-Feskia, les Ouled-Zeiou, les Ouled-Abdi, les Ouled-Daoua et les habitants des villages de Menâ et de Marâ. Cette indication servira pour le moins à empêcher les voyageurs de les prendre pour des tribus berbères. Parmi les Hanenchas, ajoute M. Ab. Cahen, il y a aussi des fractions composées exclusivement de Juifs qui vivent en Arabes.

Quant aux Corouglis ou Kourouglis, qui représentent en Algérie l'élément touranien, ils sont en petit nombre et proviennent, dit-on, du croisement des femmes mauresques du littoral avec les Turcs. La carte de la Kabylie de M. Carette en indique une colonie militaire sur la frontière occidentale, la tribu des Zouatna. On en signale aussi à Biskra. M. Gillebert d'Hercourt en a mesuré six vivants : leur indice céphalique était de 78.76 et leur taille de 1,701 ; et M. Pru-

[1] *Lettre à M. Féraud sur les Juifs de l'Algérie et de Tuggurt*, par Ab. Cahen, in *Not. et Mém. Soc. arch. de Constantine*. année 1869.

ner-Bey, deux de leurs crânes du Muséum : l'indice était moindre, comme de raison, soit 77.7. Les Kourouglis sont donc très-voisins de la sous-dolichocéphalie et, pour la taille, les plus grands des indigènes de l'Algérie.

La domination turque n'a guère dépassé les côtes. Cependant quelques colonies militaires, envoyées dans l'intérieur, y auraient laissé des traces, et M. Périer assure y avoir remarqué, en 1840, des physionomies mongoles, notamment parmi les Oulad-Abd-en-Nour.

Il resterait à dire quelques mots de cette multitude sans valeur ethnique cantonnée dans les villes sous le nom de *Maures* et qui résulte de croisements de toutes sortes entre les premiers indigènes de la côte et les nombreux étrangers qui s'y sont succédé depuis la domination romaine; et cependant le nom de *Maures*, de *Morusiens* ou de *Mauritaniens* se retrouve dès la fondation de Carthage. Ils formaient un peuple à l'ouest des Numides, et du temps de Salluste la rivière Mulucha, dans la province actuelle d'Oran, séparait la Numidie de la Mauritanie.

Leur caractère le plus saillant aujourd'hui, c'est une certaine corpulence qui peut servir à les faire reconnaître à première vue du Kabyle et de l'Arabe, tous deux secs et nerveux; puis une démarche lourde, des yeux bruns ou bleus, comme langoureux, et souvent une absence complète de barbe. A tort ou à raison, quelques personnes prétendent que cette corpulence leur vient du sang arabe; il y aurait lieu d'examiner cette question et de se demander si le Sémite et ses dérivés ne tendraient pas en effet à devenir obèses sous l'influence d'un changement de vie ou de certaines conditions de milieu.

Dois-je enfin parler des Bohémiens ou Tsiganes de l'Algérie? Notre collègue M. Bataillard pense qu'il y a lieu d'en signaler l'étude au voyageur.

Notre tâche n'est point terminée. Jusqu'ici nous avons parlé des Berbers comme d'une seule et même race qu'il s'agissait de dégager des éléments arabe, nègre et israélite avec lesquels elle ne s'est que trop croisée. Le problème est plus complexe. La race berbère actuelle, et même déjà du temps des Numides, est la résultante, comme vous l'a exposé le général Faidherbe, de deux couches ethniques différentes : l'une antérieure, qui aurait occupé le sol depuis l'apparition de l'homme dans ces parages ; l'autre postérieure. Celle-ci se reconnaît à la présence tout à fait inattendue, sous ce climat, de caractères physiques qu'on ne peut attribuer qu'à l'atavisme ou à une descendance directe. Ce sont des cheveux blonds, châtains ou roux, des yeux bleus ou de teintes claires, des barbes plus ou moins roussâtres et des complexions de peau rosée ou d'une blancheur mate. Les individus isolés qui présentent l'un ou plusieurs de ces caractères insolites au milieu d'une race brune se rencontrent non-seulement en Algérie, mais aussi dans toute l'étendue de l'Afrique septentrionale, à l'ouest de l'Egypte, y compris le Sahara.

Je ne citerais pas les noms des observateurs qui en font foi s'il ne s'était élevé une voix isolée récemment pour douter du fait, au sein de la Société : ce sont MM. Shaw, Bruce, Bory de Saint-Vincent, Guyon, Daumas, Hodgson, de Castellane, Cordier, Périer, Aucapitaine, Gillebert d'Hercourt, Faidherbe, Duhousset, Seriziat, Ch. Martins, Duveyrier, Féraud et vingt autres[1]. Un instant même on s'était demandé s'il ne fallait pas en séparer certains cavaliers chaouias de la province de Constantine, qu'on disait s'en

[1] Consultez, entre autres, l'article BERBERS de M. Lagneau, in *Encyclop. Sc. Médic.*, t. IX ; — *Des races dites berbères et de leur ethnogénie*, par M. J.-A.-N. Périer, in *Mém. Soc. anthrop*, t. III, 1873 ; —les discussions de la Société d'anthropologie et les dernières communications de M. le général Faidherbe.

distinguer par une taille élevée, de nombreuses taches de rousseur et l'absence du lobule de l'oreille. Aujourd'hui le point est jugé : ces Chaouias et les Kabyles blonds en général ne font qu'un [1].

L'importance de l'absence du lobule de l'oreille a été d'ailleurs fort exagérée. Elle n'a rien ni de caractéristique ni de fréquent parmi eux. M. Seriziat n'en a pas observé un seul cas dans le massif de l'Aurès où il a longtemps habité.

La fréquence des yeux bleus chez les Kabyles blonds en général a été aussi très-diversement appréciée. Sur ses soixante-dix-huit Berbers de Biskra, M. Seriziat n'en cite pas un seul cas, malgré la proximité des monts Aurès. Daumas et Hodgson assurent que « beaucoup », sinon « presque tous », ont les yeux bleus chez les Beni-M'zab, tandis que d'autres auteurs affirment tout le contraire. Féraud dit en 1863, et sans se douter de l'importance du fait, que chez les Oulad-abd-en-Nour les Chaouias sont *généralement* représentés par des individus aux cheveux blonds, aux yeux bleus et à la peau blanche.

En ce qui concerne les cheveux pris à part, plus ou moins blonds, le général Faidherbe avait pensé un moment pouvoir estimer la proportion des individus qui les offraient à 10 pour 100 dans la province de Constantine, cette proportion se trouvant même dépassée en quelques endroits, comme chez les Ouled-Yacoub des Amamra et près de Zeribet-el-Oued. Dans la vallée de Djebel-Checher se trouverait enfin une tribu presque entièrement composée de roux [2].

---

[1] Le travail cité de M. Périer m'est arrivé un peu tard. J'y vois que l'auteur persiste à établir une distinction entre ce qu'il appelle les *Kabyles blonds* de l'Aurès et les *Chaouias*. Les premiers seraient le reste des Vandales, les seconds des blonds autochtones.

[2] Ayant quelques motifs de croire que le plus grand nombre de blonds se rencontrent dans les tribus chaouias originaires de l'Aurès,

Cinq opinions principales sont en présence pour expliquer la persistance de ces caractères et l'existence de la race blonde qui s'y rapporte, disséminée autrefois, vraisemblablement de la régence de Tripoli inclusivement jusqu'aux îles Canaries :

1° Ce seraient les restes des Vandales refoulés dans les monts Aurès par Bélisaire, en 533, hypothèse à peu près abandonnée [1].

2° Ils proviendraient des mercenaires, et en particulier des Gaulois que les Romains envoyèrent dans le pays ;

3° Une invasion de blonds serait venue de l'Est à l'époque de l'expulsion des Hycsos de l'Égypte et auparavant de plus loin encore vers l'Orient [2] ;

4° Une race blonde aurait existé depuis les temps les plus reculés dans le nord de l'Afrique, et de ce point même aurait envoyé une expédition vers l'Est que nous font connaître les Égyptiens lorsqu'ils parlent des Tamahou, et une émigration dans le Nord, où aurait ainsi passé l'industrie des dolmens à ses débuts [3] ;

5° Et c'est l'opinion aujourd'hui la plus accréditée, les blonds de l'Atlas seraient descendus du Nord au contraire par le Portugal et le détroit de Gibraltar, et auraient apporté

je crois utile de donner, d'après les listes de M. Carette, le nom de celles qu'il indique dans les autres parties de la province de Constantine, comme en provenant. Ce sont les Sellaoua, les Achêch, les Beni-'Addi, les Oulad-Saïn, les Felfoula, les Oulad-Da'an, les Oulad-Ia'-K'oub, les Oulad-Fikal, les Beni-Iah'sa et les Beni-Mokhtar, toutes dans la subdivision de Bone, cercle de Guelma. Féraud en fait connaître quelques autres dans son *Histoire des tribus de la province de Constantine.*

[1] Sauf par M. Périer, en partie, comme on vient de le voir.

[2] *Sur l'origine des Berbers-Thamou,* à propos des lettres sur le Sahara adressées par M. E. Desor à M. F. Liebig, par le baron Aucapitaine. Paris, 1867.

[3] Mém. cit. de M. Périer et Congrès de Bruxelles de 1872.

avec eux cette industrie des dolmens en voie de décadence.

L'argument le plus convaincant, en faveur de cette dernière opinion, est celui de la tribu des Denhadja, cité par le commandant Sergent. Leurs propres traditions locales les font descendre des constructeurs de tombeaux mégalithiques, que les Arabes appellent des *Djouhala*. Or tous les membres de cette petite tribu avaient encore, peu avant l'invasion française, les cheveux plus ou moins blonds et les yeux bleus [1].

Le second argument s'appuie sur la présence d'une traînée ininterrompue tout à la fois de blonds, et de monuments mégalithiques dans toute l'étendue de l'Algérie jusque dans le Maroc.

Cette hypothèse, qui d'abord parut très-hardie, est venue jeter inopinément une lumière tout inattendue sur la question des dolmens de l'Europe occidentale. Elle corrobore la doctrine de M. A. Bertrand, qui fait cheminer la race qui a construit les dolmens du nord au midi, et résiste, croyons-nous, aux objections qu'on lui a opposées au congrès de Bruxelles [2]. C'est aux voyageurs à recueillir sur place les documents qui permettront de la juger définitivement. A cet effet, ils auront à choisir dans les tribus berbères les plus favorables : 1° les sujets les plus blonds par les cheveux, le teint et les yeux; 2° les sujets moins blonds, établissant, par un caractère ou l'autre, la transition aux Berbers bruns; et à en dresser deux séries d'observations séparées. En second lieu, ils s'appliqueront à mettre les anthropologistes spéciaux en mesure d'établir, de leur côté,

[1] *Lettre sur l'ethnographie du nord de l'Afrique,* par le comm. Sergent, *Bull. Soc. anthrop.,* 2° série, t. V, 1870.

[2] *Essai sur les dolmens,* par M. de Bonstetten, Genève, 1865. — *Monuments dits* celtiques *de la province de Constantine,* par Alex. Bertrand, in *Revue archéol.,* Paris, 1869.— *De la distribution des dolmens à la surface de la France,* par Alex. Bertrand, Paris, 1864.

les caractères ostéologiques des populations ensevelies dans les dolmens d'Algérie. Il restera à comparer ces deux ordres de résultats entre eux et avec les caractères obtenus sur les restes trouvés dans les dolmens du Portugal, de la France et de plus loin encore. S'ils se ressemblent le point est jugé, et du même coup la question des dolmens de l'Europe occidentale.

Ce que nous demandons, par conséquent, après la détermination des caractères des Berbers blonds actuels, c'est la continuation des fouilles, conduites avec tant de succès par MM. Féraud, Bourguignat, Faidherbe, Berbrugger et Bourjot, et l'envoi de crânes et d'ossements en quantité suffisante. La craniométrie, c'est-à-dire la substitution de méthodes rigoureuses aux errements de l'imagination, est une branche toute nouvelle de l'anthropologie; elle exige le calme du laboratoire et la comparaison incessante avec d'autres séries de crânes.

Les occasions ne manquent pas, et les indigènes ne mettent pas obstacle aux fouilles. Du Maroc à la Tunisie, et en particulier dans la province de Constantine, c'est par groupes de deux à trois mille qu'on signale les monuments mégalithiques ; toutes les formes s'y rencontrent, celles de France et d'autres spéciales à l'Algérie. Ainsi :

1° Les pierres levées ou *menhirs*. Le commandant Payen estime à dix mille ceux qu'il a vus dans la Medjana, arrondissement de Sétif, leur hauteur variant de 1ᵐ,25 à 1ᵐ,60 sur 40 centimètres d'épaisseur ;

2° Les cercles en pierre très-simples ou *cromlechs;*

3° Les galgals ou *cairns;*

4° Les *dolmens*, généralement de structure fort simple et de dimensions restreintes, les plus grands allant à 3ᵐ,75 de haut sur 2ᵐ,60 de largeur et dépassant à peine 1 mètre de hauteur, et quelques-uns ne se composant que d'une table horizontale, sur des rochers en place ; ce qui a donné lieu à l'une des objections adressées à la doctrine de M. A. Bertrand, cette petitesse opposée à la grandeur de ceux de l'Europe trahissant, disait-on, une industrie mégalithique à ses débuts [1] ;

5° Les *tumuli* ayant à leur sommet un dolmen, et sur leurs pentes plusieurs cercles de pierres concentriques, genre de monument dont il n'existe qu'un exemple en France, à Bousquet, dans l'Aveyron ;

6° Enfin, des agglomérations complexes de tous ces éléments, occupant des surfaces considérables et dessinant des enceintes carrées, rondes, concentriques et reliées entre elles par des allées de pierres levées simples ou doubles.

On peut considérer, comme constructions mégalithiques aussi plus avancées, les autres espèces qui suivent :

7° Les dolmens précédés d'une sorte de perron à quatre ou cinq marches, en dalles équarries, le sol du dolmen étant pavé de rocailles ; c'est ce que les Arabes appellent des *bazinas* ;

8° Les chambres souterraines, de forme cubique en général, taillées dans le roc, et dont l'entrée devait être fermée par une porte ou dalle ; elles sont connues sous le nom de *houanets* ;

9° Et surtout les *chouchas*, sorte de tours, de 2m,50 de hauteur sur 3 de diamètre, formées d'assises régulièrement bâties et recouvertes d'une grosse dalle brute ; à l'intérieur se trouve, à même la terre ou dans une auge formée de dalles en pierre, un squelette replié sur lui-même, comme dans la plupart des dolmens et accompagné de son

[1] Mais cette simplicité et cette petitesse des dolmens d'Afrique ne prouvent-elles pas au contraire que l'industrie mégalithique y était à son déclin? C'est où l'art de construire ces monuments a été inauguré et où la race correspondante a atteint son apogée, qu'ils doivent s'être perfectionnés et avoir pris les plus grandes proportions. (Communication verbale de M. Faidherbe.)

vase de terre cuite. Le commandant Payen en a vu par milliers ; les chouchas se rencontrent dans les montagnes et paraissaient affectés aux grands ; dans la plaine il s'en trouve d'autres, dans lesquels figurent de plus petits matériaux, des sortes de moellons et des pierres roulées ; ces derniers, dit-il, étaient les sépultures du peuple. Pour les Arabes, les uns et les autres sont les tombeaux des *djouhala*, de même que les dolmens.

Faut-il ranger dans le même groupe ces pierres cubiques, percées d'un trou régulier de 25 centimètres de diamètre, que Féraud a rencontrées en si grand nombre, et le mur dont il parle, fait de deux lignes de gros blocs de pierre brute et entourant une surface de 340 hectares ? Et faut-il les regarder comme la transition à cette phase historique de l'architecture, qui a donné le tombeau de la Chrétienne, près d'Alger, le Medracen, près de Batna, et surtout les stèles grossières et taillées, avec dessins et inscriptions berbères, élevées à la mémoire des morts [1]?

La première indication à prescrire au milieu de ces richesses archéologiques est d'en dresser peu à peu l'inventaire, ou mieux la carte avec désignation du genre de monuments, et parmi les dolmens, de ceux qui ont été détruits, comme auprès d'Alger, où il y en avait deux ou

---

[1] *Les Dolmens de Ben-Merzoug*, par Christy et Féraud. *Notices et Mém. de la Soc. arch. de Constantine*, 1863. — *Monuments dits celtiques de la province de Constantine*, par Féraud. Même recueil, 1863. — *Lettre sur les tombeaux circulaires de la province de Constantine*, par Payen. Même recueil, 1863. — *Lettres sur l'Algérie*, par Desor, in *Nouv. archéolog.*, de la *Revue savoisienne*, janvier et juin 1861. — — *Catalogue des monuments préhistoriques de l'Algérie*, par A. Letourneux, in *Matériaux pour servir à l'histoire de l'homme*, année 1868. — *Les Dolmens d'Afrique*, par le général Faidherbe, Paris, 1873. — *Les Dolmens et les Beni-Messous*, par Bourjot, *Bull. Soc. acclimat. d'Algérie*, 1868. — *Les Monuments mégalithiques de Rokhnia*, par Bourguignat. Paris, 1868, etc.

trois cents, et de ceux encore intacts. La seconde est de les fouiller méthodiquement en notant le nombre et l'attitude des corps dans chacune, la position des poteries, la nature des objets trouvés, etc. Cette variété infinie de monuments et cet acheminement du dolmen le plus grossier à des constructions dans lesquelles entrent des pierres taillées, témoignent en effet que l'industrie mégalithique a subi en Algérie une évolution particulière dont a tiré parti M. Fergusson dans son ouvrage sur les *Rude stone Monuments*, London, 1872, et s'est prolongée jusque dans la période historique.

Sur l'une des pierres levées d'une enceinte ressemblant à un cromlech, M. Letourneux a trouvé une inscription berbère qui a pu, il est vrai, y être mise après coup. Mais au même endroit, à la Cheffia, près de Bone, M. le docteur Reboud nous décrit deux nécropoles : « l'une a une forme triangulaire et peut avoir trente pas de diamètre ; on y trouve l'enceinte ci-dessus, un dolmen de petite dimension, une rangée de stèles droites, deux longues stèles couchées, etc. ». « L'autre est rectangulaire et couvre une surface de deux hectares ; on y voit des dolmens mégalithiques épars et à demi renversés ; un sarcophage de grande dimension avec couvercle, des stèles isolées, perdues dans les broussailles ; une longue rangée de stèles libyques ou bilingues debout[1], etc. » Ce rapprochement de deux ordres de monuments funéraires que l'on rapporte à des époques si éloignées n'est-il pas étrange ? Ne semble-t-il pas dire que la même population a continué de génération en génération à consacrer ce terrain à ses morts? Mais, chose plus singulière, parmi les matériaux d'un monument mégalithique de l'Aurès M. Letourneux aurait reconnu des fûts de colonne. Tout récemment la tribu berbère des Denhadja élevait

---

[1] *Recueil d'inscriptions libyco-berbères*, par le docteur Reboud, Paris, 1870.

encore dans ses cimetières des pierres levées appelées *s'nob* (Faidherbe). Une coutume persistait il y a cent cinquante ans, sur quelques points de la Kabylie : celle, pour chaque tribu assistant à une assemblée générale, de dresser une pierre levée autour du lieu des séances, de façon à figurer un cromlech, pour attester des engagements pris (Letourneux).

Mais si la coutume des monuments mégalithiques a traversé la période du bronze et n'est tombée en désuétude que vers la période numidique par exemple, faut-il admettre d'emblée qu'elle n'a pénétré en Afrique que durant cette période du bronze ou du fer ? Cela ne nous semble pas nettement prouvé. Pourquoi le peuple quelconque qui a apporté de l'Est la connaissance des métaux à la population des dolmens du midi de la France, ne l'aurait-il pas apportée aussi et parallèlement à la population des dolmens d'Afrique ? L'existence d'une époque de la pierre polie en Algérie ne peut faire l'objet d'un doute. Dans une ancienne carrière on a trouvé, à 4 mètres de profondeur, sous les alluvions de l'Oued-Sly, une hache polie que l'ouvrier y avait laissée glisser jadis [1]. Dans plusieurs dolmens, dans des grottes et même à la surface du sol, on en a trouvé d'autres. Le métal n'est déjà pas si commun dans les sépultures mégalithiques ! Sur quarante-six dolmens fouillés par MM. Féraud et Bourguignat, je ne vois d'objets en métal indiqués que huit fois. Les archéologues auront donc à se demander s'il n'existe pas deux catégories de dolmens : les uns, plus anciens, d'une physionomie particulière peut-être et ne renfermant que des instruments en silex et de la poterie; les autres, moins anciens, dans lesquels se découvrent les anneaux et les bracelets en question en argent, cuivre, bronze ou fer.

---

[1] *Revue africaine*, 1870, p. 303. Voir aussi l'année 1872.

L'un des écueils à éviter dans les fouilles est l'ensevelissement secondaire. Le dolmen de Ben-Merzoug, dans lequel MM. Féraud et Christy ont découvert un mors de cheval, une sorte de boucle d'oreille et une médaille romaine de Faustine, devait être dans ce cas; la table du sommet en était détruite et ses fragments épars. La position du corps n'a pu être déterminée et dans la même tombe se trouvait un squelette de cheval, ce qui est peu conforme aux usages observés dans les autres dolmens [1].

Il est d'autres recherches préhistoriques à ne pas oublier. Cette fois elles concerneront la race primitive des Lebou qu'ont signalée les Egyptiens. Des silex taillés ont été recueillis en Egypte. On en a trouvé aussi en Algérie; récemment encore M. Féraud en a découvert un atelier auprès de l'oasis d'Ouargla [1], laquelle, remarque-t-il, était plus favorisée de la végétation à cette époque. Les formes les plus abondantes que lui et le docteur Reboud y aient ramassées étaient des têtes de flèche et un silex triangulaire qui, à la description, me parait se rapprocher de notre type du Moustier. M. Bourjot, d'autre part, a découvert à une petite distance d'Alger, à la pointe Pescade, une grotte anciennement habitée, dans laquelle des silex taillés, rappelant par leur travail les types d'Aurignac, étaient déposés par couches. Par malheur aucun débris d'animaux caractéristiques ne les accompagnait : rhinocéros, éléphant, ours des cavernes ou renne; M. Bourjot n'a pas craint cependant d'assigner à cette station une date fort reculée, la fin de la période glaciaire.

Outre les restes de races préhistoriques, les voyageurs auront à nous en adresser de races plus récentes. Les cimetières de la Chellia, déjà explorés par MM. Faidherbe et Reboud, qui n'y ont trouvé aucun ossement au pied des

[1] Revue africaine, Alger, 1872.

stèles, mériteraient encore d'être examinés à ce point de vue. La race de transition du peuple des dolmens aux Numides serait bien utile à connaître.

Ajoutons que les crânes d'Arabes et de Berbers authentiques sont rares dans nos collections. Notre Société ne possède, venant d'Algérie, qu'une tête momifiée offerte par M. Périer. Le musée du laboratoire d'anthropologie de M. Broca n'a qu'un crâne d'Arabe et un de Kabyle. Celui du Val-de-Grâce en a davantage, mais ils sont étiquetés Arabes, quoique provenant essentiellement du bataillon de turcos, qui est composé surtout de Kabyles. Cette confusion entre l'Arabe et le Berber est si répandue, même en Algérie, et administrateurs et militaires s'en font si bien l'écho, que nous tenons pour suspects aussi les vingt et quelques crânes des deux races présents au Muséum. Il y a donc urgence à notre avis à ce que nous recevions de fortes séries authentiques qui nous permettent une bonne fois de déterminer les caractères ostéologiques différentiels de ces deux races.

En résumé, il y a cinq périodes à établir dans le passé anthropologique de notre colonie française : la première, ou des Kabyles bruns autochthones ; la seconde, ou des Kabyles blonds ; la troisième, ou des Numides, à laquelle remontent sans doute la plupart des inscriptions découvertes en langue berbère ; la quatrième, où l'on voit se succéder les Romains, les Arabes et les Turcs principalement, et la cinquième, ou aryenne. Les restes osseux que nous sollicitons seront d'autant plus précieux qu'ils remonteront sûrement à une époque plus ancienne et nous mettront mieux à même de connaître la véritable race indigène.

Je me borne à énumérer quelques autres questions à examiner.

Les croisements s'opèrent sous toutes les formes en Algérie et s'y rencontrent à tous les degrés. Commencés à la rencontre des blonds du Nord avec les bruns de la Libye, ils se sont continués un peu sans doute avec les Phéniciens après la fondation de Carthage, et beaucoup avec les Romains lorsqu'ils se répandirent jusque dans le Bled el djerid. Au septième siècle, ils prirent un nouvel essor lorsqu'Arabes et Berbers s'associèrent pour envahir la péninsule ibérique, sous le nom de Sarrasins. Du quinzième au dix-huitième siècle, ils se restreignirent. à la portion des côtes occupée par le ramassis d'aventuriers qu'y entretenait la domination turque. De tout temps ils se sont opérés sur une grande échelle avec les nègres des oasis et du Soudan. Aujourd'hui enfin ils se multiplient avec l'invasion aryenne figurée par des Espagnols, des Italiens, des Allemands et des Français, pour ne pas parler des Juifs, des Maltais et de bien d'autres venus à toutes les époques de divers points de la mer Méditerranée.

En Algérie, comme en Australie, une race blanche nouvelle semble aujourd'hui se former. Rien que dans la province d'Alger, sur 96 472 Européens, il y en a 39 000 qui y sont nés. Il serait utile d'en connaître les caractères nouveaux, les aptitudes, les tempéraments, la fécondité propre, et de savoir, parmi les nombreux mariages entre races différentes, quels sont ceux qui réussissent le mieux et qu'on doit encourager.

C'est aux médecins qu'en revient surtout la tâche. C'est à eux aussi d'observer la coloration véritable des téguments des indigènes à la naissance, les formes particulières que prennent les malades dans ces divers terrains, et les différences d'action qu'ont sur eux les médicaments. L'anthropologie, en effet, est l'histoire des diverses variétés de l'homme et comprend tout ce qui peut servir à les différencier. Son horizon est vaste et empiète sur toutes les

connaissances qui le concernent spécialement. L'homme
sain ou malade, pensant, se mouvant et se reproduisant
lui appartient en entier.

C'est aussi aux médecins qu'incombe l'examen des phé-
nomènes de l'acclimatation et de l'acclimatement. MM. Laveran et Bertillon, à l'aide des statistiques officielles de
1856 et ce dernier avec celles de 1872, ont avancé que
les races brunes de l'Europe, les Maltais et les Espagnols
surtout, réussissent fort bien en Algérie, tandis que les
races blondes s'y éteignent[1]. Ces déductions sont aujour-
d'hui assez généralement admises. Aussi notre collègue
M. Assézat a-t-il été justement inspiré en se demandant si
l'intéressante entreprise de la Société de protection en
faveur de nos infortunés compatriotes d'Alsace-Lorraine,
en avait connaissance. Incontestablement non ! Il n'est pas
d'usage en France de prendre conseil des savants. Mais
fort heureusement il est un côté de la question qui atténue
la portée des faits mis en relief à plusieurs reprises par
M. Bertillon.

L'Algérie convient mal à la race germanique ; mais en
est-il ainsi de toutes ses parties ? Son territoire, plus grand
que celui de la France, n'est pas le même partout ; il y a
des régions sèches, des régions humides, des endroits d'où
les effluves marécageuses sont aussitôt chassées par les
vents, et d'autres, comme à Magenta, où elles restent en
place et se condensent. Enfin il y a des altitudes de toute
sorte. On sait, en effet, que pour la faune, comme pour la

---

[1] Voir *De l'acclimatement*, in *Encycl. Soc. méd.*, t. I, 1864, et *Dénombrement de l'Algérie depuis 1856*, in *Revue d'anthrop.*, t. II, 1873,
par Bertillon. — *De l'acclimatation*, par M. de Quatrefages, la *Revue des
deux mondes*, du 15 décembre 1870. — *De l'acclimatation des Français
en Algérie*, par le docteur Puzin, in *Bull. Soc. algér. de climatol.*, 1872.
— *De la colonisation de l'Algérie*, par Assézat, in *Bull. Soc. anthr.*,
2e série, t. VIII, 5 avril 1873.

flore, s'élever de la base d'une montagne vers son faîte ou de l'embouchure d'un fleuve à sa source, c'est se déplacer du midi au nord. Sous les tropiques même, peuvent se rencontrer les conditions d'existence des latitudes tempérées. Par conséquent, la Réunion, l'une des stations choisies par la Société de protection et située à 16 kilomètres de Bougie, presque au niveau de la mer, ne sera pas dans les conditions d'acclimatement de Constantine, autre station de la Société, qui est à 790 mètres d'altitude, et à plus forte raison de Khenchela, qui est à 1 300 mètres. Tout porte à croire que la première sera mauvaise pour la race blonde, et quelques renseignements sur les chiffres de la mortalité des enfants à la Réunion me permettent presque de l'affirmer, tandis que la dernière sera excellente. L'expérience des siècles en a jugé d'ailleurs dans ce dernier cas. C'est auprès de Khenchela, chez les Ouled-Yaccoub, que s'est perpétué jusqu'à nos jours le plus grand nombre de cette race blonde assurément venue du Nord, peu importe par quelle voie [1].

Ces inductions doivent être vérifiées avec soin et promptement. Il y va du salut de nos frères d'Alsace. On ne se bornera pas à comparer le chiffre des naissances avec celui des décès. On observera la mortalité immédiate imputable à l'acclimatation ; tel groupe d'émigrés pourra toutefois être très-éprouvé tout de suite, et cependant finir par s'acclimater parfaitement. M. Onésime Reclus, qui arrive d'Algérie, me disait y avoir vu d'anciennes colonies allemandes très-prospères ; les émigrés s'y marient avec des créoles ou acclimatés et donnent de bons rejetons. Dans les statistiques concernant les races étrangères, il est un point,

[1] Au 15 février 1873, sur 2346 émigrés, fixés en Algérie, il y en avait 339 dans la province d'Oran, 727 dans celle d'Alger et 1280 dans celle de Constantine (*Situation des Alsaciens-Lorrains en Algérie*, rapport de M. Guyemer, Paris, mars 1873).

ajoutait-il, dont il faut davantage tenir compte. Un grand nombre d'Allemands, par exemple, se naturalisent Français, ce qui diminue leur chiffre au recensement suivant et ferait croire à une mortalité plus forte parmi eux. Ainsi, dans le numéro du 21 novembre 1873 du *Moniteur d'Algérie*, je trouve dans une même liste dix-huit allemands sur trente-deux naturalisations.

Enfin, et c'est l'œuvre capitale que nous recommandons en terminant, les anthropologistes algériens (et la lecture des divers recueils scientifiques publiés dans notre colonie, nous montre que le nombre s'en accroît quotidiennement) devront dresser au plus tôt la carte ethnographique du pays en s'inspirant des cartes et des listes dont nous avons parlé de MM. Hanoteau et Carette ainsi que des travaux de MM. Féraud, Letourneux, Daumas, Justin Pont et de tant d'autres.

Ils y distingueront par des teintes différentes :

1° Les tribus d'origine berbère et parlant le berbère ;

2° Les tribus berbères parlant arabe ;

3° Les tribus arabes, nomades et pastorales ;

4° Les tribus arabes relativement sédentaires et cultivant collectivement la terre ;

5° Les tribus douteuses ou mélangées, de l'une ou de l'autre sorte ;

6° Les tribus mixtes, d'autres races ou avec prédominance de Juifs, de Kourouglis ou de nègres.

Cette carte, rapprochée de celle des monuments mégalithiques qui vise le passé, serait fort précieuse, et dirait à nos petits-fils ce qu'était l'Algérie avant son assimilation à la France.

Nos trois départements français offrent, comme on le voit, un vaste champ d'études à l'anthropologiste. Trop longtemps ils n'ont servi que de champ de manœuvre à

nos troupes [1]; au tour de la science à les conquérir !
Les questions les plus variées y attendent une solu-
tion, et la plus générale, la plus saisissante est celle d'une
parenté probable entre les deux plus anciennes races
de l'Atlas et les deux plus anciennes races de France; —
entre les Berbers blonds et les hommes du Nord qui ont
disséminé leurs cheveux et leurs yeux clairs sur toute la
surface de notre sol; — et entre les Berbers bruns, que
Bory de Saint-Vincent désignait du nom d'Atlantes et ce
que j'ai appelé , pour ne rien préjuger, notre race brune
méridionale.

[1] Il est cependant des personnes qui voudraient perpétuer le système
militaire et se refusent encore à tenir compte des différences radi-
cales qui séparent les deux races berbère et arabe.

M. le général Ducrot, par exemple, dit, dans une brochure intitulée :
la Vérité sur l'Algérie, Paris 1871, que tout système tendant au fusionne-
ment et à l'assimilation des indigènes n'a aucune chance de réussite
et propose d'établir des *smalas* ou tribus militaires, comme ont fait les
Turcs, choisies parmi eux et chargées de faire la police des autres tribus
environnantes ; accessoirement il consentirait à la fondation de colonies
de Kabyles qu'on traiterait militairement et qui cultiveraient la terre
collectivement.

On voudrait s'aliéner à tout jamais le peuple kabyle qu'à coup sûr on
ne trouverait pas mieux et je m'étonne que M. L. Ducos, qui a répondu
au général, n'ait pas fait ressortir ce qu'il y a de contradictoire entre
cette aliénation de l'individualité et ce qu'exige impérieusement l'esprit
kabyle.

Les principes énoncés par le général Allard sous l'empire sont encore
plus absolus. « En présence d'un peuple belliqueux, comme le sont les
Arabes, » disait-il au corps législatif en 1863, confondant Arabes et
Berbers, « le régime militaire est le seul qui puisse convenir, le seul
qu'ils puissent comprendre. » La réponse se trouve dans le tableau que
nous avons tracé des deux races d'après les auteurs les plus compé-
tents.

Or les Arabes ne sont qu'un cinquième au plus de la population indigène et paraissent diminuer ; leur chiffre ne s'élève pas à 500 000, tandis que les Berbers forment les quatre cinquièmes de cette population,
et s'infiltrent partout; ils sont 2 200 000. Qu'il faille à l'Arabe un ré-

APPENDICE

Aux indications bibliographiques déjà données dans le cours de cette étude, j'ajouterai les suivantes :

D'Avezac. Art. Berbers dans l'*Encyclopédie nouvelle* de Leroux et Raynaud. Paris, 1840.

Hodgson. *Notes on Northen Africa, the Sahara and Soudan.* New-York, 1844.

Bory de Saint-Vincent. *Sur l'anthropologie de l'Afrique française* (Comptes rendus de l'Académie des sciences, 1845).

Guyon. *Sur la race blanche de l'Aurès* (Comptes rendus de l'Académie des sciences, 1845).

C. Desvaux. *Les Kebails du Djurjura.* Paris, 1859.

H. Duveyrier. *Excursion dans le Djerid ou pays des dattes* (Revue algérienne et coloniale, 1860).

Pruner-Bey. *Recherches sur l'origine de l'ancienne race égyptienne* (Mémoires de la Société d'anthropologie, t. I. Séance du 1er août 1861).

H. Aucapitaine. *Ouargla, Sahara algérien* (Mémoires de la Société de géographie de Genève, 1861).

H. Tauxier. *Etudes sur les migrations des nations berbères*

gime différent, c'est possible et non démontré. Mais le Berber est le nombre, c'est l'avenir et la richesse de notre colonisation, et il ne demande que trois choses : qu'on le laisse libre de travailler à son gré, qu'on respecte son indépendance communale et ses usages et qu'on le traite doucement et sans hauteur. Tout régime d'oppression lui est odieux, toute atteinte à ses droits à la propriété privée le trouvera debout. Le point noir, chez lui, ce sont ses marabouts, généralement Arabes ou d'origine arabe; qu'on sache les mettre dans l'impuissance et nous n'aurons plus rien à craindre. Une foule de sentiments nobles les rapprochent des Français et, comme l'a dit Aucapitaine, son assimilation à bref délai est certaine.

Avec un système plus ou moins militaire, appliqué aux Berbers, l'Algérie, en un mot, engloutira hommes et millions. Avec un système largement civil, et malgré la turbulence des Arabes, elle nous donnera 2 millions de Français de plus et la possession effective d'une surface territoriale de 66 millions d'hectares plus grande que la France.

avant l'islamisme (Journal asiatique, 1862, et Revue africaine, 1862-1863).

J.-A.-N. Périer. *Essai sur les croisements ethniques* (Mémoires de la Société d'anthropologie, t. II, 1864, p. 337).

Laveran. Art. Algérie (Dictionnaire encyclopédique des sciences médicales. Paris, 1865).

Deson. *Aus Sahara und Atlas vier briefe am. J. Liebig*. Wiesbaden, 1865.

Seriziat. *Etudes sur l'oasis de Biskra* (Gazette médicale de l'Algérie. Alger, 1866-1867).

G. Olivier. *Recherches sur l'origine des Berbers*. Bone, 1868.

J. Pont. *Etude historique sur les Amamra* (Notices et Mémoires de la Société archéologique de Constantine, 1868).

Villot. *Etudes algériennes* (Notes et Mémoires de la Société archéologique de Constantine, 1870).

D. Kaltenbrunner. *Recherches sur l'origine des Kabyles* (*Le Globe*, journal de la Société de géographie de Genève, 1861).

L. Napregyi. *Gardaïa on ninety days among the Beni M'zab*. New-York, 1871.

Dr Bonnafont. *De l'acclimatation des Européens, et de l'existence d'une population civile romaine en Algérie, démontrée par l'histoire*. Paris, 1871.

Mercier. *Ethnographie de l'Afrique septentrionale. Notes sur l'origine du peuple berbère* (Revue africaine. Alger, 1871).

Onésime Reclus. Chap. *Algérie*, de sa géographie. Paris, 1872.

L. Faure. *Origine des peuples du nord de l'Afrique, et particulièrement des Berbers* (Bulletins de la Société de climatologie algérienne, 1872).

Itinéraire en Algérie (Collection Joanne. Paris, 1874).

Etc., etc.

Enfin l'*Annuaire archéologique de Constantine*, le *Recueil des notes et mémoires de la Société archéologique de la province de Constantine*, la *Revue africaine*, journal des travaux de la Société historique algérienne, le *Bulletin de la Société algérienne de climatologie* et les *Bulletins de la Société d'anthropologie de Paris*.